Mãe

Manual de instruções

Dados Internacionais de Catalogação na Publicação (CIP)
(Câmara Brasileira do Livro, SP, Brasil)

Palermo, Roberta
Babá : manual de instruções : guia para a mãe ; Mãe : manual de instruções : guia para a babá / Roberta Palermo. – São Paulo : Mescla, 2009.

ISBN 978-85-88641-09-9

1. Mães e babás – Relacionamento pessoal I. Título.

09-04757 CDD-640.46

Índice para catálogo sistemático:

1. Mães e babás : Relacionamento : Vida familiar 640.46

Mãe

Manual de instruções

Guia para a babá

ROBERTA PALERMO

mescla
EDITORIAL

MÃE – MANUAL DE INSTRUÇÕES
guia para a babá

Editora executiva: **Soraia Bini Cury**
Editoras assistentes: **Andressa Bezerra e Bibiana Leme**
Ilustração da capa: **Ana Roberta Tartaglia**
Finalização da capa: **Acqua Estúdio Gráfico**
Projeto gráfico e diagramação: **Acqua Estúdio Gráfico**
Impressão: **Sumago Gráfica Editorial**

Mescla Editorial
Departamento editorial:
Rua Itapicuru, 613 – 7º andar
05006-000 – São Paulo – SP
Fone: (11) 3872-3322
Fax: (11) 3872-7476
http://www.mescla.com.br
e-mail: mescla@mescla.com.br

Atendimento ao consumidor:
Summus Editorial
Fone: (11) 3865-9890

Vendas por atacado:
Fone: (11) 3873-8638
Fax: (11) 3873-7085
e-mail: vendas@summus.com.br

Impresso no Brasil

Dedico este livro a todas as babás que passaram
pelo meu Curso de Formação de Babás nos últimos quatro anos.
Obrigada por me ensinarem tudo sobre essa profissão
tão fundamental nos dias de hoje.

Agradecimentos

A Ciça e Renato Botelho, por permitirem a realização do Curso de Formação de Babás em sua escola.

A todas as mães que a mim confiaram suas babás.

Aos meus amigos e amigas da See-Saw/Panamby, por fazerem parte do meu dia a dia.

A Marcio Palermo, meu marido, por estar sempre presente na minha vida e diariamente conversar comigo sobre o meu trabalho.

A Lucas, Amanda e Pedro, por terem me dado a oportunidade de descobrir na prática como é gratificante cuidar pessoalmente de uma criança.

À terapeuta familiar Maria Rita D'Angelo Seixas, por ter incentivado meu crescimento profissional.

À psicóloga Bia Amaral, por ter trocado tantas figurinhas comigo no primeiro ano do Curso de Formação de Babás, do qual participava como ouvinte.

Sumário

Prefácio

Venho de uma família simples, de cinco filhos criados com muita dificuldade. Por isso comecei a trabalhar: precisava ajudar os meus pais. Sempre sonhei ir muito longe. Nunca tive medo de desafios.

Meu primeiro emprego com carteira assinada foi como operadora de caixa. Depois trabalhei como auxiliar de montagem eletrônica, revisora de peças, controladora de qualidade, auxiliar de segurança, frentista de posto de gasolina etc.

Como a maioria das empresas não oferece estabilidade, tive muitos empregos. Um dia, uma colega me ofereceu uma vaga de arrumadeira em uma casa. Foi aí que tudo começou. Na casa havia uma menina de 1 ano e 6 meses chamada Cláudia. Quando cheguei, ela tinha babá; eu era arrumadeira e ajudava os pais quando a babá estava de folga. Sempre gostei de crianças, e a Cláudia logo se tornou minha fiel amiguinha. Ela me chamava de "Ia". Era "Ia" pra cá, "Ia" pra lá. Um dia, a babá deixou o emprego e eu fiquei no lugar dela. Por gostar muito da profissão, tentei me aperfeiçoar ao máximo, lendo dezenas de livros e revistas sobre crianças.

Três anos depois, enfrentei outro desafio: cuidar de uma menininha que acabara de nascer, a Julie – filha única, muito esperada e amada. Com essa família aprendi tudo que sei e me tornei a babá que sou hoje. Cuidei da Julie por nove anos e, além do aprendizado, tive muitos privilégios. Salário, presentes, respeito, confiança e muitas viagens. Fui para os Estados Unidos várias vezes. Também conheci Paris, o Chile e muitas cidades do Brasil. Com a Julie aprendi a cuidar de verdade de uma criança, aprendi a educar e a amar.

Quando Julie fez 9, fui cuidar de seu primo Joseph (Jô), com quem estou há dois anos. Esse foi mais um desafio: sempre acostumada com meninas, hoje cuido de um menino. É muito diferente. Estou me esforçando ao máximo para fazer um bom trabalho com ele, e me sinto desafiada, pois gosto de aprender.

Sabemos que educar e cuidar de um filho não é fácil; imagine fazer isso com os filhos de outras pessoas. Nós, babás, temos de nos esforçar para nos adaptar aos costumes de cada família, mesmo quando é muito difícil.

Nestes catorze anos de trabalho, aprendi muito. Sou solteira e não tenho filhos, mas não culpo a profissão. Sou hoje uma pessoa feliz e realizada. Como babá, pude ajudar muito a minha família e realizar vários sonhos.

Maria Ginadôra F. de Oliveira

Apresentação

Tudo começou quando eu era professora de crianças de 2 anos de idade e observei que todas as famílias tinham uma babá para ajudá-las. Com o tempo, porém, notei que, além de ajudar, as babás passavam a assumir tarefas de cuidado – importantíssimas para a formação da criança. Pensei: quem as ajuda quando estão diante de uma situação-problema, como birra ou escândalo para comer na hora da refeição?

Foi exatamente por isso que criei um Curso de Formação de Babás. Meus objetivos foram: orientar as babás em sua jornada diária; dar-lhes um espaço para dividir suas angústias e alegrias; prover dicas e conselhos que as ajudassem a lidar com a criança e a família. Descobrimos juntas, ao longo das dez semanas de duração de cada curso, que é possível entender as regras da mãe e suas angústias em relação à criança. Pudemos fortalecer as babás mais sensíveis e animar as que estavam chateadas depois de um problema relacionado com o trabalho. Muitas vezes, senti-me mãe de todas, pois dali para a frente tornei-me responsável por acolhê-las e ajudá-las em seu dia a dia. Todas elas sabem que mesmo após o término do curso podem me telefonar e me visitar sempre que precisarem conversar.

O fato é que são tantas histórias inesquecíveis... A conquista da confiança da criança, um elogio dos pais pelo bom trabalho, a primeira viagem à Disney com a família, a compra da casa própria, o filho que caiu da árvore e felizmente se curou rápido, as babás gêmeas na mesma casa, a babá cuja gravidez acompanhamos por vários meses, a que morria de saudades da família, a que trouxe o filho para morar com ela depois que se estabilizou e a que também fazia plástica, como a patroa! Também acompanhei a primeira visita ao ginecologista de uma delas e o fim da dor de cabeça de outra, após a visita ao médico.

O que mais me chamou a atenção foi a fidelidade das babás em relação à família. Elas eram incapazes de reclamar da mãe, a quem eram tão gratas. Conseguiam expor uma chateação de maneira imparcial, pedindo socorro para resolver o impasse.

Como na maioria das vezes as mães delegam todos os cuidados da criança à babá, quero dividir com todas essas profissionais a orientação que dou àquelas que têm a oportunidade de participar do curso. Por isso escrevi este livro. Muitas vezes, a babá acaba se tornando responsável pela criança, mas nunca pode se esquecer de que esse papel é da mãe e do pai. Ela deve, então, intermediar essa união, facilitando a relação das crianças com seus pais. Por mais que se sinta orgulhosa pelo fato de a criança gostar tanto dela, é importante que sempre se preocupe em validar a participação do pai e da mãe em seu dia a dia.

Vou contar um segredo que até então era só meu e das "minhas" babás. Para facilitar a comunicação entre babás e pais, dou a seguinte dica: "Digam que, lá no curso, a Roberta comentou que..." Assim elas encontravam uma maneira de tocar em um assunto mais delicado. Agora você pode dizer: "Eu li no livro da Roberta que..."

Pensando em facilitar ainda mais a relação entre a babá e a família, selecionei, neste "lado" do livro, dicas e sugestões às babás, com o objetivo de mostrar a elas quem é a mãe e o que esperar dela. Do outro "lado" estão dicas e sugestões às mães, que poderão tirar dúvidas e melhorar o relacionamento com a família para quem trabalha. Às vezes, dirijo-me tanto à mãe quanto à babá, pois o assunto é pertinente a ambas. **Nesses casos, o texto estará com outro tipo de fonte.** Espero que esta obra contemple os dois lados, para que passem a dialogar mais sem se sentir constrangidas.

A autora

Introdução

Parabéns, babá. Estou congratulando-a porque os pais lhe confiam uma das coisas mais preciosas que possuem: seu filho. Por isso, é importante lembrarmos que, ao começar a trabalhar em uma casa, você terá muitas dúvidas e também se sentirá cobrada. Isso é normal, pois você ainda não conhece a fundo as regras da casa e a dinâmica familiar. Mas o que deve ficar bem claro é que ser escolhida para tal tarefa é um grande sinal de confiança no seu trabalho.

Cada família tem uma série de normas e hábitos, e você precisará adaptar-se e aprender a respeitá-las. Como ficam suas angústias e inseguranças diante do novo? Antes de agir, é necessário saber o que esperam de você. Como se devem arrumar os armários? E o lanche da escola? Você pode pedir à criança que participe da arrumação do quarto? É muito importante que você saiba expor uma dúvida, uma chateação ou uma necessidade, para que não se torne uma pessoa tensa, com medo. E para isso é necessário saber se comunicar com os pais e tirar rapidamente todas as dúvidas que surgirem. Fale sobre tudo, do machucado na perna da criança a algum pedido especial.

Viver em grupo é um dos maiores desafios que podemos encontrar ao longo da vida; então, quanto mais aprendermos a conversar, melhor. Qual a melhor maneira de iniciar essa conversa? Se você tiver um familiar ou uma amiga de confiança, conte-lhe o problema, assim não se sentirá sozinha e até poderá receber uma dica. Saiba também selecionar as amizades, pois muitas pessoas querem mesmo é ver o seu fracasso e acabam incentivando-a a ter uma atitude grosseira.

Lembre-se: é no diálogo com os pais e no cuidado com a criança que se estabelecem os laços de confiança de que você, com certeza, é merecedora.

1

Um retrato da babá

COMO A BABÁ SE VÊ?

Como alguém fundamental na família, pois percebe que todos precisam dela para os cuidados com as crianças. A babá sabe que tem atitudes de mãe, mas nunca será a mãe da criança. Cuida delas quando a mãe está presente ou ausente, sempre se baseando nas regras desta.

COMO A BABÁ É VISTA?

Como alguém que está em casa para cuidar da criança e atender com bom senso às suas necessidades. Ela não pode deixar que nada de ruim aconteça.

POR QUE A BABÁ PODE TER TANTAS DÚVIDAS?

Passar 24 horas por dia em companhia de uma família que não é sua e convivendo com regras diferentes das que aprendeu é difícil para qualquer pessoa. Por isso, a babá sempre fica em dúvida de como agir ou o que dizer em determinada situação.

Certas informações são dadas desde o início da contratação, mas algumas mães falam mais, outras menos, e somente no dia a dia você entrará em contato com a realidade daquela família. Outras mães acham que a babá já sabe tudo sobre a rotina de uma criança, mas a experiência da babá em outras casas nem sempre se encaixa no estilo da família atual, causando grandes surpresas. Nem todas as surpresas são ruins, mas, em vez de arriscar, pergunte antes como você deve agir. Nem sempre é fácil fazer tantas perguntas à mãe e você pode até ter medo de transmitir insegurança, mas perguntar quando tiver dúvidas ainda é a melhor solução. Por exemplo, você está em dúvida sobre a arrumação do guarda-roupa da criança. Como as roupas são separadas? Por cor? De inverno e verão? As camisetas de manga curta estão em uma pilha e devem continuar separadas das de manga comprida? Tem uma gaveta só para o uniforme da escola?

Porém, fique tranquila: conforme o tempo passa e a rotina entra nos eixos, as dúvidas diminuem.

QUAIS SÃO AS PRINCIPAIS DIFICULDADES DA PROFISSÃO?

Ficar longe da família e dos amigos, passar longos períodos fora da própria casa, ter pouco tempo para cuidar de si, lidar com crianças sem limite e enfrentar conflitos com as mães são as principais queixas das babás. Algumas sonham em mudar de profissão, trabalhar em uma área que não exija dormir fora de casa e trabalhar nos finais de semana. Várias já tentaram procurar outro tipo de emprego, mas não conseguiram por falta de escolaridade.

Em outros casos até aparecem vagas, mas o salário é inferior ao que elas ganham como babás. Por outro lado, e felizmente para muitas famílias, existem babás por vocação que não pensam em fazer outra coisa, mesmo enfrentando dificuldades.

É comum que a babá sinta-se triste por criar outras crianças enquanto seus filhos são criados por seus familiares. Mas ela precisa pensar que esse trabalho lhe dá a oportunidade de melhorar a vida dos filhos. Além disso, é comum que as famílias ajudem a babá que tem filhos com roupas, brinquedos e material escolar. Que outra profissão oferece esses benefícios? Não conheço nenhuma!

O QUE DEVO VALORIZAR NA PROFISSÃO? DEVO PENSAR QUE SE TRATA DE UMA PROFISSÃO PARA O RESTO DA VIDA?

Você deve encarar sua profissão como uma fase de grande aprendizado – mas não precisa encará-la como eterna se, apesar de gostar do que faz, não aprovar os impedimentos que ela impõe à sua vida particular. Ao olhar para a profissão como temporária, você verá que ela pode ser riquíssima em aprendizados: a babá aprende a lidar com saias justas, a cuidar de crianças de maneira mais organizada.

Além de tudo, tem acesso a recursos modernos que poderá, depois, aproveitar. Mesmo que não possa comprar aquilo tudo para sua família, encontrará similares e colocará em prática com seu filho anos de experiência com filhos de outras mulheres. Outra vantagem é que a babá viverá situações de conflito com a criança e a mãe no dia a dia e poderá fazer tudo diferente com sua família no futuro. Sem falar no aprendizado obtido com dicas de outros familiares, com o pediatra, com as professoras da escola etc.

E quantas babás têm a chance de ir a bons médicos quando ficam doentes? E as que recebem ajuda da família para construir a casa própria ou ajudar os familiares? Há também as festas de aniversário infantis, que proporcionam boas oportunidades de conversa com outras colegas (espero que você entenda que esses não são o local nem o momento adequados para falar sobre salário e/ou fazer reclamações sobre a família).

Enfim, pode ser cansativo cuidar de crianças, mas você tem grandes chances de trabalhar em uma família solidária e melhorar suas condições de vida.

A CONVERSA COMO TERAPIA: CUIDADO

A babá geralmente gosta de conversar com outros funcionários da casa e com as colegas que encontra nos passeios. Falam sobre o que acontece na rotina, sobre o dia a dia da família delas e também sobre a vida pessoal. Pedem dicas, ajuda e desabafam alguma aflição. Às vezes, confiam uma angústia em relação à mãe ou ao trabalho a outra funcionária da casa e são "traídas", gerando grande confusão. Portanto, a babá tem de tomar muito cuidado em quem confia, pois sua profissão pode ser invejada por outros funcionários da casa. Escolha alguém de confiança, de preferência que nem conheça a família, como aquela sua vizinha bacana que você encontra nos dias de folga.

GRATIDÃO *VERSUS* DÍVIDA

É muito bom quando a babá encontra na família apoio para sua vida pessoal. Vamos a um exemplo. Luana é uma babá competente que tem quatro filhos que ficam com sua mãe para que ela possa trabalhar. Um dia, depois de colocar o bebê de que cuidava para dormir, recebeu por telefone a notícia de que seu filho de 7 anos havia caído da árvore, batido a cabeça e estava desacordado no hospital.

O patrão se vestiu correndo, levou a babá até o hospital e voltou para casa. Depois de um tempo, a patroa ligou para ter notícias e soube que não havia leito disponível nem médicos. O menino estava no corredor do hospital, apesar de estar com a cabeça aberta por causa da queda. A patroa, então, telefonou para um conhecido e conseguiu transferir o menino de ambulância para outro hospital público, que já sabia do problema e aguardava a criança para a cirurgia.

Infelizmente, o atendimento à população que depende de hospital público é muito ruim. Naquela hora, se a babá não pudesse contar com a ajuda da mãe da criança de que cuida, talvez o menino não tivesse sobrevivido. O problema não era da família para quem a babá trabalhava; os patrões poderiam apenas lamentar o ocorrido, mas fizeram mais do que isso. Salvaram a vida da criança.

Como fica a relação da família com a babá depois de uma ajuda dessa natureza?

Embora essa babá seja eternamente grata a essa família, é importante que fique claro que ela não tem dívidas com ela. Talvez a babá releve uma série de coisas, que passam a ser pequenas diante do susto com o filho, mas isso não significa que dali por diante a família possa cobrar dela essa ajuda.

2

As principais dúvidas da babá em relação à mãe e à família

O QUE OS PAIS ESPERAM DA BABÁ?

Que ela não conte mentiras, que não maltrate o bebê/criança e estimule-o/a o tempo todo por meio de brincadeiras.

QUAIS SÃO OS MAIORES MEDOS E PREOCUPAÇÕES DOS PAIS?

Que a babá ensine coisas inadequadas à criança, que a machuque e esconda os fatos ocorridos no dia.

QUAL É A DIFERENÇA DA BABÁ DA MÃE QUE TRABALHA FORA DE CASA E DA MÃE QUE NÃO TRABALHA?

A babá da mãe que não trabalha fora de casa fica com a mãe por perto o tempo todo, mesmo que ela saia algumas vezes durante o dia. Ainda que a mãe esteja em casa, espera que a babá realize os cuidados gerais. Para a babá, tudo bem, claro, mas algumas crianças gostariam que a mãe ficasse com ela. Nessas horas, fazem birra, não aceitam a babá, choram... Geralmente a mãe aparece para ver o que está acontecendo e em seguida desaparece para ver se a babá resolve o problema, o que torna a situação ainda pior. Nesses casos, sugiro que a mãe dispense a babá e dê atenção à criança.

Algumas mães que trabalham fora apresentam sentimento de culpa por estar longe do filho. A criança costuma fazer manha e testar a mãe assim que ela coloca o pé em casa. Quando ela cai na armadilha e fica com dó da criança, atrapalha a babá, que não consegue dar continuidade à rotina da criança – resolve não querer tomar banho nem jantar ou escovar os dentes –, sendo que na ausência da mãe isso acontece naturalmente. Aqui vale a mesma dica à mãe: dispense a babá e cuide da criança.

Em resumo, nos dois casos, se a mãe estiver disponível, pode assumir os cuidados com a criança. Esta não precisa aceitar ser cuidada pela babá pelo simples fato de essa profissional estar lá. Só isso não convence. E a mãe não tem de delegar tudo à babá só porque lhe paga. Porém, caso a mãe queira que ela realize todas as tarefas, a babá precisa entender essa postura, mesmo que esteja claro que a criança espera que a mãe cuide dela. Em algumas situações a mãe não pode de fato tomar conta do filho, mesmo estando em casa. E acredito que, com as dicas deste livro, as mães passem a avaliar melhor a realidade e participem mais da educação dos filhos.

COMO DEVO REAGIR QUANDO GANHO UM PRESENTE OU UM AUMENTO DE SALÁRIO?

Demonstre que está contente, agradecida, feliz ao receber um aumento ou um presente. Mesmo que você fique sem-graça, envergonhada, encontre uma maneira de transmitir à mãe sua gratidão, pois quem presenteia fica feliz em receber um agradecimento.

O QUE FAZER SE A MÃE DESCONFIA, ESPIA, VIGIA?

Não fique chateada, pois não é pessoal. É a realidade. Quantas vezes assistimos a notícias sobre babás que machucam as crianças? No fundo, os pais nem acham que você, como excelente profissional que é, poderia fazer algo ruim, mas são vítimas dessa violência que tanto nos assusta. Mostre que você compreende essa aflição e a mãe perceberá que pode confiar em você.

O QUE FAZER SE A MÃE FICAR GRÁVIDA DO SEGUNDO FILHO? SERÁ QUE VOU DAR CONTA DO TRABALHO?

Isso pode ser combinado desde a contratação. Mesmo que a mãe não planeje, pode engravidar. Converse com ela sobre essa possibilidade. Talvez essa conversa pareça estranha – afinal, nem grávida a mãe está –, mas se esse assunto a incomoda não pode ser deixado de lado.

Quando a mãe engravida, tem duas opções: contratar outra babá para cuidar do recém-nascido ou manter a antiga babá. Como se gasta mais com a contratação de uma nova funcionária, sugiro que a mãe mantenha a babá que já conhece e lhe dê um aumento de salário. Isso vai incentivar a babá a cuidar de duas crianças ao mesmo tempo.

Às vezes o primeiro filho passa a ir à escola em um período do dia, o que torna o trabalho menos cansativo, e então a mãe decide não dar aumento à babá. Em alguns casos, as crianças têm atividades diferentes ao longo do dia, e não dá para a babá cuidar de um que fica em casa e levar o outro à natação. Nesse caso, a mãe costuma optar por ter uma babá para cada criança. É importante que essa fase acabe, pois quando os filhos dividem a mesma babá aprendem a esperar a sua vez e tornam-se mais independentes, pois não terão alguém o tempo todo só cuidando deles.

Com tantas opções assim, o ideal é conversar bastante sobre esse assunto.

Percebo que os pais, principalmente as mães, fazem de tudo para que a criança não se frustre, chegando inclusive a realizar a lição de casa por elas. Essa superproteção e ajuda excessiva fazem que a criança se acomode e se acostume a ter sempre alguém resolvendo seus problemas. Ora ela tem a babá, ora a mãe para servi-la. Por isso, mães, fiquem atentas: verifiquem se a criança tem responsabilidades e se estas vão aumentando ao longo de seu crescimento. O ideal é dar a ela pequenas tarefas de cuidados com os brinquedos, o material escolar e o quarto. É importante que a mãe e a babá peçam pequenos favores à criança para que ela aprenda o princípio da reciprocidade. A mãe e a babá podem pedir à criança que vá até a sala buscar uma revista, ou o relógio dela que ficou esquecido por lá. A babá precisa saber se a mãe concorda com essa ideia. É essencial que a babá entenda que nem sempre a mãe precisa concordar com uma regra que ela gostaria de implementar. A babá pode palpitar, mas a decisão final é sempre dos pais.

QUANDO VOCÊ FOR MÃE...

Se você ainda não tem filhos, pode escutar várias vezes as pessoas dizerem que você não entende bem uma regra ou situação porque ainda não é mãe. Isso é bem chato, pois a impede de argumentar. O que mais você pode dizer? Nada... Mas a importância de tudo isso está no fato de que você tem a oportunidade de se perguntar: será que quando eu for mãe farei dessa maneira? Talvez sim, talvez não, mas pelo menos você teve a oportunidade de observar que aquilo dá ou não certo, de acordo com sua opinião. Ser babá pode ser um estágio maravilhoso antes de ser mãe.

COMO DEVO AGIR SE QUISER PEDIR AUMENTO?

Se desejar pedir um aumento de salário, faça primeiro uma avaliação sobre o seu trabalho. Você deve pedir um aumento porque merece, e não porque não está conseguindo pagar as contas. Faça uma autoavaliação para ter a certeza de que vem atendendo à expectativa da família em relação ao seu trabalho.

Dê valor aos presentes, passeios e viagens que a família lhe proporciona. A viagem ao Nordeste não paga a conta de luz e você estava lá a trabalho, mas certamente é muito mais prazeroso trabalhar em praias lindas e conhecer lugares novos do que manter a rotina de ir à mesma pracinha todos os dias.

Se a família acabou de voltar da viagem de férias em que gastou muito e/ou a mãe estiver no oitavo mês de gestação do segundo filho e/ou estiver com a casa em obras, não é hora de pedir aumento. O momento ideal é assim que você tiver obtido êxito em seu trabalho – conseguir que a criança respeite os pais, mantiver uma boa rotina na casa etc. Assim será mais fácil mostrar que o aumento deverá ser concedido em reconhecimento ao seu trabalho.

Dizer que precisa de mais dinheiro ou que é mal paga não pega nada bem, pois demonstra que sua única motivação para ficar na casa é o salário. Por isso, deixe claro que está feliz e realizada com o trabalho que executa.

É possível que você passe por alguns apertos financeiros e possa contar com a família para pedir um vale, um adiantamento de salário, mas não deixe que isso vire rotina. É muito desagradável pedir adiantamento de salário com frequência, além de deixar claro à família que você não controla seus gastos.

O QUE DEVO FAZER SE DISCORDAR DE UMA ORDEM DA MÃE?

Por mais que não concorde, a babá precisa fazer o que a mãe quer que seja feito. Pode até sugerir educadamente fazer diferente, mas, se a mãe não quiser mudar, não tem jeito. Isso vale para todas as dicas presentes neste livro. É importante entender que todas as profissões têm certas formalidades que precisam ser respeitadas. Às vezes, fica complicado separar o local de trabalho do local de moradia – afinal, essa se torna também a sua casa –, mas leve em conta uma só regra para facilitar sua vida: encare a casa onde vive como local de trabalho. Assim você estará pronta para obter sucesso na profissão.

Mais uma coisa importante: é preciso que você acredite nas regras da mãe. Quando for aplicá-las à criança, não diga: "A mamãe não quer que você suba no sofá", e sim: "Não suba no sofá". A criança tem de perceber que você também não quer aquele comportamento. A mãe precisa sentir confiança em você, saber que o que foi combinado será cumprido.

Um exemplo real: a babá estava com a criança no clube e combinou que, enquanto a mãe estivesse na piscina, iria para o parquinho. No meio do caminho, mudou de ideia e foi para outro local. A mãe só a encontrou depois de muito tempo, e ainda por cima extremamente aflita. Nesse momento, a mãe questionou o comportamento da babá e passou a achar que ela nunca cumpria com o combinado. Foi uma atitude boba, impensada, que rendeu dias de tensão. Um tempo depois, a mãe percebeu que realmente fora um deslize único e nunca aconteceria de novo. Confiança a gente conquista com muito trabalho; portanto, temos de tomar cuidado para não perdê-la!

COMO DEVO ME COMPORTAR EM RELAÇÃO AO PAI?

Normalmente, o contato maior da babá é com a mãe, mas há pais que também participam ativamente da educação dos filhos. Procure atender aos pedidos de ambos. Caso um deles modifique um combinado, alerte-o, mas delicadamente e longe da criança. Não desfaça do pai nunca. Seja sempre discreta.

O pai geralmente chega em casa cansado após um longo dia de trabalho. Não é hora, então, de só escutar reclamações sobre a criança. Se for preciso contar alguma situação delicada, comece primeiro com o que foi legal e elogie algo que a criança tenha feito.

Uma babá me contou que o pai não permitia que os funcionários da casa andassem descalços ou de chinelos, e todos respeitavam a regra. Um dia, porém, ela estava pronta para dar banho na criança quando desceu a escada descalça para buscar algo que havia esquecido. Nesse momento, o pai entrou na sala. Ela ficou descalça, atrás de um sofá, pois não poderia voltar para o banheiro sem que o pai visse sua "falha". O pai não saía dali, pois estava organizando uns papéis. E ela fingindo que arrumava as almofadas. A situação durou alguns instantes, mas finalmente o pai saiu do recinto e ela pode subir correndo as escadas. Segundo ela, parecia que tinham se passado horas! Ela gostava de mostrar ao pai que suas regras também eram seguidas e se sentiria muito mal se ele a visse sem sapato e achasse que ela não levava em conta os combinados dele.

E SE OS PAIS FOREM SEPARADOS?

Se a criança mora com a mãe e você for acompanhá-la à casa do pai, seja discreta e não comente nada sobre ambas as casas. Siga as regras da casa do pai enquanto estiver lá e, caso precise fazer algo diferente, alerte-o de maneira delicada.

Se o pai tiver uma nova esposa ou namorada, por mais que você tome as dores da mãe, deve deixá-la cuidar da criança e tratá-la com respeito também. Se vocês perceberem que a relação não será boa, o ideal é que o pai e a madrasta tenham outra babá quando estiverem com a criança, ou que cuidem dela sozinhos.

É comum que a mãe sinta-se mais segura se a criança for para a casa do pai acompanhada da babá. O pai pode concordar com essa opção, mas não é obrigado a aceitá-la se isso não consta do processo de separação.

DEVO ACEITAR O CONVITE PARA VIAJAR COM A FAMÍLIA?

Se estiver na dúvida, aceite. Claro que você vai para trabalhar, para cuidar da criança, mas também terá a oportunidade de conhecer lugares lindos e até mesmo outros países. Se a experiência for horrível, não vá nunca mais; pelo menos você teve a oportunidade de saber como foi.

Uma babá do curso estava em dúvida: deveria ir para a Disney com a família da criança? Pode até parecer estranho não querer conhecer aquele lugar tão mágico, mas a realidade é que estar em outro país, com pessoas que falam outra língua e com hábitos diferentes pode ser assustador. Além disso, o fato de estar a trabalho a incomodava, pois ela achava que não teria chance de aproveitar nada. E, como é comum que a babá tire férias extras no período em que a família viaja, podendo descansar e cuidar de suas coisas, então muitas preferem ficar.

Mesmo assim, aconselhei a babá a fazer a viagem. Ela foi, adorou e irá de novo em breve!

Por isso insisto em dizer que é muito melhor trabalhar em um lugar novo, bonito, durante um passeio, do que na casa da família. Nessas viagens, você conhece belos lugares, ganha presentes, compra e come coisas diferentes. Pense bem: quando você teria oportunidade semelhante de adquirir tanto conhecimento e experiência (até mesmo para um futuro trabalho em outra casa)?

A mãe pode até orientar a babá a fazer um diário para colar mapas, bilhetes de passeios e fazer anotações dos lugares que conheceu para enriquecer sua cultura. Essa babá poderá inclusive ajudar a criança a aproveitar mais a viagem, pois ambas estão descobrindo coisas novas – ao contrário dos pais, que geralmente estão visitando aquele lugar pela terceira ou quarta vez e não têm mais pique para acompanhar a criança.

Em uma véspera de feriado, perguntei no curso quem tiraria folga e quem viajaria com a família. Constatei que todas iam viajar, cada uma para um lugar mais especial e divertido do que o outro. Foi naquela hora que lancei a "lição de casa": todas teriam de trazer um pequeno texto sobre o passeio e uma lembrança. Vieram relatos lindos dos lugares e objetos que trouxeram de recordação. Eu quis, naquele momento, que elas encarassem a viagem a trabalho com outro olhar, e percebi a diferença de comportamento quando retornaram.

COMO DEVO AGIR SE TIVER DE CUIDAR DE UMA CRIANÇA COM NECESSIDADES ESPECIAIS?

Nesse caso, seu papel pode mudar completamente. Sempre existirão atividades de estímulo específicas a cada caso, que deverão ser seguidas à risca. Mesmo que você tenha a impressão de que tudo aquilo é inútil ou de que a criança não entende, é necessário seguir o que foi prescrito pelos especialistas. Não tenha dó da criança; não a trate com indulgência nem deixe de educá-la.

Aqui estou me referindo a problemas como paralisia cerebral, autismo, síndrome de Down ou deficiências físicas. **Em qualquer desses casos, é importante que os pais ofereçam livros à babá, para que ela possa se inteirar do problema em questão. É fundamental também explicar a ela detalhadamente como deve ser a rotina da criança, se ela toma medicamentos, em que períodos deve fazer atividades etc. Ela precisa saber o que pode exigir da criança e o que ela nunca será capaz de realizar.**

É possível que a mãe desabafe com você suas angústias e tristezas pelo fato de ter um filho especial. Nessas horas, é importante ter uma palavra de carinho que lhe dê apoio e ânimo para prosseguir.

O QUE FAZER SE A MÃE DA CRIANÇA TIVER CIÚME DO NOSSO RELACIONAMENTO?

Como você está sempre com a criança, é comum que ela prefira você à mãe em alguns momentos, o que pode deixar essa mãe enciumada. É fato que a babá se torna uma pessoa muito especial para a criança, mas ela nunca será "uma mãe" também. Por isso, quando perceber que isso está acontecendo, incentive a criança a ficar com a mãe. Outra maneira de deixar os pais mais presentes é lembrar a criança de fazer um desenho para eles, que será entregue quando chegarem em casa.

Uma mãe relatou que sempre que ia à escola buscar a filha ficava chateada, pois ao sair da classe a criança corria para os braços da babá e não para os dela. Sugeri, então, que a babá ficasse aguardando no carro, para que aquele momento especial fosse só da mãe. Essa atitude, na verdade, foi como tapar o sol com a peneira, pois a criança corre para os braços da babá "por sobrevivência". A criança sabe quem "a salvará". Ou seja, se ela estiver com fome, procurará quem a alimenta. Se quiser brincar, também. O ideal seria que a mãe realizasse essas tarefas de cuidado para que a criança corresse para os seus braços.

Por outro lado, essa atitude da criança de correr para a babá indica que a criança está feliz e segura, o que pode tranquilizar a mãe.

Uma amiga foi a uma festa de aniversário com seus filhos de 5 e 7 anos e me contou intrigada: "Você acredita que eu tive de levar a babá? Não havia a menor necessidade, pois eles já estão grandes. Mas eles disseram na hora de sair: 'Se a Laila não for, também não vamos'". Para mim estava muito claro por que os meninos queriam a babá na festa. Bastava olhar para os dois escalando um brinquedo e a babá lá embaixo acenando e sorrindo para eles. As crianças sabiam que, ao chegar à festa, a mãe ficaria com as amigas, e não com eles. E certamente não havia a menor necessidade de a mãe acompanhá-los, pois o bufê oferecia muitas atividades; além do mais, estavam presentes dezenas de crianças e os monitores. Mas as crianças querem atenção e nem sempre entendem que em alguns momentos esta não é necessária. Portanto, é preciso que a mãe saiba dosar a participação da babá na vida de seu filho, para que ele fique seguro e tranquilo quando não tiver essa companhia.

As dez atitudes da babá que mais incomodam a mãe

Falar ou rir muito alto.
Comer de boca aberta.
Passar o tempo todo ao telefone.
Usar roupa suja, rasgada ou malpassada.
Gritar com a criança.
Usar gírias, falar palavrões ou palavras impróprias, como "bunda". Mesmo que os pais falem palavrões ou termos chulos, a babá não deve fazê-lo!
Dizer "não" para a criança o tempo todo. É preciso distinguir entre o que necessita de uma bronca e o que pode ser ignorado; do contrário, a profissional passará o dia todo dizendo "Não pode", "Não faça" etc. Selecione o que é importante e o que pode ser ignorado e mude de assunto.
Não ter limites. Muitas vezes, a babá adquire liberdade demais na casa e passa dos limites. Ela precisa se lembrar de que está no local de trabalho, portanto precisa ficar atenta. Se a mãe a chamar para conversar no quarto dela, por exemplo, não se deite na cama nem pegue um bombom da estante.
Ter mau humor. Todo mundo tem seus dias ruins, mas é muito chato trabalhar com alguém emburrado. Então, sorrir no ambiente de trabalho é o ideal, mesmo que o dia não esteja correndo como o esperado.
Fazer tragédia de tudo. Evitar levar seus problemas pessoais para a família. Claro que não há problema em desabafar, desde que não seja sempre. A coisa mais chata deste mundo é ter dentro de casa alguém que todos os dias conta uma história triste. A tia que engravidou de trigêmeos e já tem oito filhos, o marido que foi assaltado, a avó que está em fase terminal, o cachorro que foi atropelado, a hérnia de disco que dói todos os dias, a filha que repetiu de ano...

O QUE FAZER SE EU ME APEGAR DEMAIS À CRIANÇA?

É muito comum que a babá sinta amor pela criança de que cuida, e isso é bom, mas lembre-se de que a qualquer momento você pode deixar de ver esse ser tão amado – seja porque a mãe resolva dispensá-la, seja porque você arranjou outro emprego. Tenha isso bem claro para não sofrer na despedida. É importante despedir-se da criança quando for tirar uma folga e principalmente se não for mais trabalhar nessa casa. Nunca saia às escondidas, pois a criança pode pensar que você simplesmente desapareceu e ficar insegura. O mesmo vale para a mãe: despeça-se sempre da criança e diga que logo vai voltar e que ela terá bons momentos com a babá.

3

Dicas básicas para trabalhar bem

COMO DEVO ME VESTIR?

Na maioria das vezes, a mãe vai lhe oferecer a roupa branca. Porém, se essa escolha for reservada a você, que tipo de roupa deve vestir? Decotes, salto alto e barriga de fora são inadequados. Então, o ideal é usar jeans ou calça de moletom e camiseta. Se vestir calças justas, use uma camiseta longa, que cubra todo o bumbum. Lembre-se de que esse trabalho exige muitos movimentos, e o ideal é usar roupas confortáveis. Esqueça a combinação calça branca/calcinha preta. Se a calça tiver cintura baixa, tome cuidado para não expor o bumbum ou a calcinha. Evite roupas justas que marquem muito o corpo. À noite, opte por pijamas com bermudas longas e sem decotes, pois poderá cruzar com o pai da criança pela casa. Nunca fique sem sutiã – nem em casa nem na rua.

COMO CONQUISTAR UMA BOA POSTURA?

Sempre que estiver em um ambiente com outras pessoas, tome cuidado para não sentar-se com as pernas abertas ou ficar relaxada demais. Não se deite no chão para brincar ocupando todo o espaço ou ficando em posições inadequadas. Por mais que sua intenção seja a de brincar com a criança, não fica bem para quem está ao redor.

QUAIS PONTOS DA MINHA HIGIENE PESSOAL DEVO SEMPRE OBSERVAR?

Cuidar da higiene e da saúde é fundamental para qualquer trabalhador, independentemente do trabalho que exerça. Porém, esses cuidados são ainda mais importantes para a babá, pois, além de ficar sempre em contato com crianças, servirá de exemplo para elas. Assim, veja abaixo algumas dicas:

Higiene das mãos	Lave as mãos sempre que for ao banheiro, antes e depois de trocar a fralda da criança, antes de servir a refeição, assim que chegar da rua e depois de utilizar um produto de limpeza.
Banho	Tome banho todos os dias. Algumas famílias acham adequado que a babá tome um banho ao acordar e outro antes de dormir. Converse com a mãe para saber o que ela prefere.
Cabelo	Mantenha-o sempre preso e limpo. Fazer chapinha está na moda, mas não dá para ficar sem lavar o cabelo para não estragar o penteado.
Dentes	Escove os dentes ao acordar e após as refeições. Use fio dental, que limpa profundamente e evita o mau hálito. Escove a língua e utilize antisséptico bucal. Ficar sem comer por um período muito longo pode causar mau hálito, então alimente-se bem em todas as refeições. Isso também evita dor de cabeça, mal-estar e fraqueza. Mantenha uma bala sempre por perto; assim você poderá manter um bom hálito em momentos de emergência...

▶

▶

Roupa	Nunca deixe a roupa espalhada. Tenha um cesto com tampa para guardar o que estiver sujo, mas lave sempre as peças. Pergunte à mãe onde poderá lavá-las.
Seu banheiro e seu quarto	Deixe as portas do quarto e do banheiro sempre fechadas e a tampa do vaso sanitário abaixada. Seu quarto e seu banheiro não devem ser frequentados pelas crianças, pois só assim você terá privacidade. Não deixe que a criança mexa em suas gavetas e em seus objetos.
Produtos de higiene	Não economize nos produtos de higiene. Compre escova e pasta de dentes de qualidade. Use sempre uma lavanda, de preferência as de essência de bebê. Nunca passe perfumes fortes para trabalhar nem antes de sair de folga. Lembre-se de que o perfume forte poderá ficar na criança ao despedir-se dela. Não faça isso mesmo que a mãe sempre use perfumes fortes na presença da criança...
Tosses, gripes e resfriados	Cuide-se desde o início. Vá ao médico sempre que ficar doente. Tome um analgésico se estiver com dor de cabeça, por exemplo, e carregue lenços de papel se seu nariz estiver escorrendo. Se a mãe pedir, use máscara de proteção.

O QUE DEVO LEVAR/FAZER QUANDO FOR VIAJAR COM A FAMÍLIA?

Faça uma mala compacta e não se esqueça de perguntar sobre a temperatura do local para onde vão. Se precisar de um agasalho mais quente e não tiver, não se sinta constrangida em comentar o problema com a mãe. Certifique-se de que pegou todos os objetos e roupas da criança. Fazer uma lista do que precisa levar para não esquecer nada é fundamental!

POSSO COMER O QUE ESTÁ NA GELADEIRA?

Isso varia de uma família para outra. Algumas deixam claro que a babá não pode servir-se à vontade, ao passo que outras não se incomodam com isso. Normalmente, iogurtes, geleias, guloseimas e produtos dietéticos ficam reservados aos pais.

Se ficar com vontade de comer alguma coisa e não puder se servir, tente comprar o mesmo produto (ou um semelhante) quando tiver oportunidade. Nem tudo é tão caro como pode parecer, portanto não há por que passar vontade.

O importante é alimentar-se bem. Nunca saia de casa de estômago vazio. Se achar que não poderá almoçar no horário de costume, leve um sanduíche ou uma fruta. Ter bom senso é fundamental. Se na fruteira há apenas três bananas e a quitanda só trará a nova remessa de frutas dali a alguns dias, o ideal é deixar esse alimento para a criança e comer outra fruta que não esteja chegando ao fim.

COMO DEVO AGIR QUANDO ESTIVER DENTRO DO CARRO JUNTO COM A FAMÍLIA?

Você pode conversar com todos, desde que perceba que há espaço para isso. Se for uma viagem longa e você ficar com sono, pode cochilar se a criança também o fizer. Sente-se adequadamente e nunca estique as pernas ou os pés em lugares impróprios.

Fique atenta para não responder às perguntas das crianças feitas aos pais nem as dirigidas pelos pais a elas. Caso o percurso seja longo, leve brinquedos e livros para distrair as crianças.

Se os pais discutirem entre si, procure distrair as crianças para que elas não participem tanto desse momento de tensão. Se for possível descer do carro com a criança, melhor ainda. Se a criança estiver dormindo, feche os olhos e "durma" também! Uma babá me contou a seguinte história: a mãe queria que ela acompanhasse a família em um passeio, mas o pai, não. E a babá ali no carro. A mãe dizia a ela que ficasse, o pai pedia a ela que descesse do carro. Naquele momento ela foi rápida e disse: "Eu vou esperar ali fora com as crianças enquanto vocês decidem, e vocês me avisam quando resolverem". Uma solução fantástica!

COMO AGIR DIANTE DE COMENTÁRIOS ÍNTIMOS DA FAMÍLIA (DISCUSSÕES ENTRE O CASAL, COMENTÁRIOS SOBRE FAMILIARES, CONVERSAS AO TELEFONE)

Você se tornará bem próxima dessa família, pois acompanhará sua rotina. Mas, apesar de saber tudo que se passa e de escutar conversas, nunca comente o que ouviu com colegas da vizinhança ou outros familiares e funcionários que frequentam a casa. Esse leva e traz pode causar conflitos e aborrecer a todos. Se estiver em companhia dos familiares e perceber que a conversa começou a ficar íntima, saia do local e só retorne quando a conversa terminar. Se a mãe estiver ao telefone, volte quando ela terminar. Não fique ao lado escutando a conversa, mesmo que o assunto seja interessante ou pareça irrelevante. Bata sempre na porta antes de entrar e abra-a gentilmente. Se o pai estiver dentro do quarto do casal, espere-o sair para então entrar para buscar alguma coisa. Entre apenas se a chamarem.

Como agir se o pai tiver o hábito de andar de cueca pela casa? Espero que isso não aconteça, mas, se acontecer, tente não se constranger. Evite ficar olhando, como se algo estivesse estranho; você se adaptará com o tempo. Ou não. Mas, nesse caso, nem sempre é possível comentar com a mãe que você fica sem-graça quando o pai anda de cueca pela casa. Cada babá terá de avaliar seu caso.

E se você der de cara com o pai se trocando? Peça desculpas e saia imediatamente. Por isso, o ideal é nunca entrar no quarto quando o pai estiver lá e sempre bater antes de entrar!

COMO ME COMPORTAR NAS FESTAS DE ANIVERSÁRIO?

Você estará lá para cuidar da criança e brincar com ela. Por isso, fique atenta para que ela não se machuque e para não perdê-la de vista. Se resolver conversar com outras babás, nunca tire os olhos da criança.

Ofereça alimentos e bebidas que ela tenha permissão para consumir e verifique se ela está participando de todas as atividades da festa.

Se a mãe também for à festa e quiser brincar, deixe-a assumir por uns instantes, mas continue atenta, pois a qualquer momento a mãe vai sentar-se novamente e você deverá voltar a tomar conta da criança.

Coma à vontade, mas sempre priorizando a criança e as brincadeiras. Evite encher a mão de salgadinhos.

Lembre-se de que as atividades de pintura, decoração de lembrancinhas etc. são sempre só para as crianças, nunca para os adultos. No final da festa, retire apenas uma lembrancinha para cada criança. Se houver uma mesa de guloseimas na saída, ensine a criança a pegar apenas alguns, pois os amiguinhos também vão levar quando forem embora.

Certa vez, presenciei uma situação muito constrangedora em um aniversário. Uma criança caiu enquanto comia um salgadinho e toda a comida mastigada foi para o chão. Uma mãe achou que a criança estivesse vomitando e em um minuto formou-se um

círculo de mães aflitas em volta da criança, que não parava de chorar. A mãe da menina não estava na festa e a babá não conseguia se aproximar para acalmá-la. Nesse momento o ideal é que a babá cuide da criança e não as outras mães, por mais que a conheçam.

O QUE DEVO FAZER PELA CRIANÇA E O QUE ELA DEVE FAZER SOZINHA?

Às vezes é difícil para a babá saber até que ponto deve fazer as coisas e quando a tarefa é da criança. Se você está lá para cuidar da criança, não vai sentir-se bem se a mãe chegar e encontrar o filho se esforçando para colocar os tênis enquanto você está sentada olhando.

É importante, porém, que a criança tenha a oportunidade de realizar algumas tarefas sozinha e conquistar maior independência. Por isso, incentive-a a executar pequenas tarefas, como colocar as meias, os sapatos, guardar os brinquedos etc. – sempre levando em conta a idade e a capacidade de compreensão da criança. Brinque sempre com ela, mas em alguns momentos incentive-a a brincar sozinha, mesmo que você fique por perto. Procure deixar claro para a mãe que você está estimulando a independência da criança; assim ela não pensará que você está "folgada" demais.

O QUE DEVO FAZER QUANDO UM AMIGO DA CRIANÇA VEM BRINCAR?

Nem sempre eles se entendem durante a brincadeira, então é importante que você seja imparcial e dê atenção aos dois. Não defenda só a "sua" criança nem só a visita. Conte sempre à mãe como foi a brincadeira e se foi bom brincar com aquela criança, pois se foi muito ruim vocês podem achar mais adequado não repetir a experiência. Se mesmo assim a mãe insistir em trazer aquele colega – afinal, ele é filho da melhor amiga dela –, não faça cara feia. Use a imaginação para descobrir uma maneira de entreter as crianças. Muitas vezes elas estão "chatas" por falta de estímulo.

E QUANDO NÓS VAMOS À CASA DE UM AMIGO?

É importante inventar brincadeiras boas para que as crianças se divirtam. Fique atenta para que a criança não desobedeça às regras da casa do colega. Leve uma fruta ou um sanduíche na mochila, pois algumas famílias só oferecem o lanche às crianças. Se as crianças estiverem brigando, vá embora antes da hora combinada. Quando voltar para casa, não fale mal da mãe, da babá ou da criança para a mãe. Seja discreta. Apenas diga que não foi um dia muito bom e explique o motivo da insatisfação.

COMO DEVO PROCEDER NOS PASSEIOS EM QUE OS PAIS ESTÃO PRESENTES?

Se for acompanhar os pais nos passeios, fique atenta para não esquecer nada. Prepare a sacola da criança e pergunte à mãe se precisam levar mais alguma coisa antes de sair. Água e brinquedos são itens praticamente obrigatórios, bem como fraldas e lenços umedecidos. Assim, mesmo que a mãe tenha preparado a sacola, verifique se não faltou nada.

Durante o passeio, aja com bom senso: perceba se os pais querem ficar mais perto da criança ou se você também ficará junto.

Se precisar se ausentar por algum motivo, avise a mãe antes. Assim ela ficará responsável pela criança.

Antes de se envolver em todos os cuidados com a criança, pergunte ao pai ou à mãe se gostariam de levar a criança ao banheiro ou ao balanço. Aliás, todas as babás deveriam fazer esse tipo de sugestão, pois isso poderia levar os pais a assumir algumas tarefas. Muitos não assumem por comodismo; afinal, a babá está ali. Outros não fazem porque não dá tempo: a babá já fez!

Antes de sair de casa, vá ao banheiro e pegue uma garrafinha de água para você também. Já basta interromper o passeio porque a criança pede várias vezes para fazer xixi. Quando levar a criança ao banheiro, aproveite para usá-lo também.

E NO RESTAURANTE?

É comum que a babá sinta-se insegura nesse ambiente e não saiba como se portar. Uma dica é observar como a mãe faz e então fazer igual. Veja como ela deixa os talheres sobre o prato e onde fica o guardanapo. Se houver vários copos e talheres sobre a mesa, pergunte qual deverá usar primeiro e qual é o copo adequado para determinada bebida. É importante se interessar e aprender. Nas próximas vezes você já estará adaptada. Se for sentar-se à mesa junto com os pais e perguntarem o que você quer comer, uma saída é dizer que gostaria que eles escolhessem, afinal eles já sabem o que é servido naquele restaurante. Você também pode dizer que vai dividir o prato com a criança, já que elas costumam comer muito pouco. Se os pais insistirem para que você pegue o cardápio e escolha, vá em frente, mas nunca escolha o prato mais caro. Durante a refeição, se os pais oferecerem, experimente um pedacinho do que eles estiverem comendo, mesmo que tenha uma aparência horrível. Se não gostar, diga a verdade, mas nunca faça careta nem diga que aquilo é muito ruim. Se o restaurante for do tipo *self-service*, quando pegamos o prato e nos servimos no balcão de alimentos, nunca coloque um monte de comida no prato. Sirva-se de poucas porções e volte depois para servir-se novamente. Não é feio repetir a comida. Feio é fazer montanhas de comida no prato.

COMO REAGIR QUANDO UMA COLEGA FIZER FOFOCA OU UM AMIGO/NAMORADO DER PALPITE NO MEU TRABALHO?

O mundo está cheio de pessoas com más intenções. Perceba que aquela amiga que faz muitas perguntas sobre a casa onde você trabalha pode ter más intenções, inveja, entre outros sentimentos inadequados. Portanto, o ideal é ser discreta e mudar de assunto se perceber algo errado.

Como já foi dito antes, eleja apenas uma pessoa de confiança para desabafar. Se começar a namorar, não conte ao seu namorado questões íntimas da família. É comum que os pais fiquem preocupados no início do namoro, pois existe a possibilidade de um homem se aproximar da babá porque ela trabalha em uma casa bacana. Por isso, fique alerta até conhecer bem o rapaz, pergunte sobre sua origem, sobre seu dia a dia no trabalho etc.

Se for contar à família sobre o namoro, dê informações sobre o rapaz e transmita segurança aos pais, evitando que eles fiquem magoados e inseguros.

Lembre-se de que essas precauções não visam somente proteger a família, mas principalmente proteger você.

Uma excelente babá trabalhava havia mais de um ano na casa de uma família quando começou a namorar. Logo no início, o namorado pediu a ela que não dormisse mais no trabalho e deixasse de viajar com a família. A babá concluiu, então, que teria de trabalhar em uma casa onde pudesse ter folgas todo final de semana e na qual não precisasse dormir. A mãe compreendeu sua situação, apesar de lamentar a perda e achar que, por conta da pressão do namorado, ela perderia um excelente emprego. A babá cumpriu o aviso prévio e durante esse período não conseguiu trabalho em outra casa, pois todas as famílias precisavam de uma babá que dormisse e tirasse folgas quinzenais. O que aconteceu em seguida? O namoro com o tal rapaz terminou e ela perdeu a família de que tanto gostava, além de estar desempregada. Por isso, aí vai o conselho: antes de tomar qualquer decisão por causa do seu namorado, assegure-se de que a relação de vocês é duradoura e confiável.

COMO DEVO AGIR AO DEIXAR O EMPREGO?

Se não for mais trabalhar nessa casa, deixe as "portas abertas". Mesmo que esteja indo embora depois de uma discussão chata, agradeça o tempo que permaneceu lá, seja agradável. Vocês se desentenderam, mas nada impede que a mãe a indique para trabalhar na casa de uma amiga, por exemplo. Foi assim que uma babá acabou trabalhando na casa de uma das amigas da ex-patroa. Ambas sabiam que a relação estava desgastada, mas a profissional era competente, de confiança, e valia a pena indicá-la para alguém próximo.

Dicas fundamentais para acertar sempre

O celular	Algumas mães preferem que a babá fique com o celular ligado enquanto está com a criança, pois assim podem entrar em contato sempre que for necessário. Porém, evite ligações particulares no horário de trabalho. Se a mãe não fizer questão, deixe sempre o seu celular desligado e guardado.
Seja atenta e observadora	Veja como a mãe age, como cuida da criança e a ensina, para fazer da mesma maneira quando ela não estiver presente. Perceba também, por exemplo, se uma repentina mudança de comportamento da criança não se deve a uma febre. Saiba detectar esses pequenos sinais de alerta.
O chiclete	Não masque chiclete no período de trabalho. Perceba como é horrível uma pessoa mascando chiclete. No início ela está atenta, mas em seguida pode mascar de boca aberta, fazer bolas, o que é totalmente inadequado. Além disso, alguns pais não permitem que a criança masque chiclete.
Os acessórios	Evite o uso de *piercing* durante o trabalho e mantenha a tatuagem coberta, caso tenha alguma. Tente ser um modelo bem próximo ao da família com que você trabalha. Não use bijuterias ou brincos grandes que possam ser puxados pela criança e machucar você, por exemplo. Alguns cintos podem arranhar a criança; melhor evitá-los.
O telefone da casa	Quando atender ao telefone da casa, lembre-se de anotar adequadamente o recado. Suas ligações particulares devem ser sempre rápidas, de preferência quando não estiver ocupada com a criança. Em uma ocasião telefonei para uma babá para dar um recado sobre o curso, mas me identifiquei apenas pelo nome. Em seguida, quem atendeu ao telefone retornou e avisou que a babá não poderia atender porque estava ocupada com as crianças. Achei ótimo saber que ela não interrompeu o trabalho.
O cigarro	Nunca fume no horário de trabalho nem dentro de casa. Se sair para fumar, fique atenta para não ficar com o cheiro de cigarro no cabelo, no corpo, na roupa. O ideal é que a babá não tenha o hábito de fumar, pois não ter esse vício normalmente é um critério de seleção.
Seja prestativa	Se a mãe estiver cuidando da criança, perceba se ela está precisando de alguma coisa, mesmo que ela não peça. É comum escutá-la perguntando à criança: "Você quer água?" Essa frase pode ser um recado indireto para que a babá traga água, então não espere a mãe pedir.

▶

Na piscina/praia	Se for brincar na piscina ou no mar com a criança, use um maiô, não um biquíni. Se a mãe presenteá-la com um biquíni, diga que adorou, mas não ficará à vontade para usá-lo enquanto trabalha, e pergunte se seria possível trocar a peça por um maiô. Assim que sair da água, tenha uma toalha à mão para se enrolar. Nunca passeie pela casa ou pela praia só de maiô.
Programação infantil	Quando estiver com a criança, escute apenas músicas infantis ou músicas que sejam próprias para ela. O mesmo deve acontecer com a TV. Assista a programas e escute músicas de sua preferência apenas quando estiver sozinha no seu quarto. Fique à vontade para pedir à cozinheira, por exemplo, que desligue o rádio somente enquanto você dá o almoço à criança.
O português correto	Fique atenta para usar o plural corretamente: "as meninas", "as cadeiras", nunca: "as menina", "as cadeira" (veja na página 52 os principais erros de português). Não use gírias nem trocadilhos maliciosos na frente das crianças. Fale "xixi" e "cocô" para se referir às necessidades fisiológicas. Use o mesmo nome que a mãe usa para se referir ao pênis e à vagina da criança ("pipi", "pipoca", por exemplo; não invente nomes novos). Nunca fale palavrão mesmo que os pais o façam.
O tom de voz	Fale sempre em voz baixa. Nunca grite da cozinha para chamar a criança que está na sala, nem grite da sala para pedir um favor à funcionária que está na cozinha.
A aparência	Mantenha as unhas sempre limpas e curtas para não arranhar a criança. Dê preferência a esmaltes de cores claras, pois são mais discretos e ficam menos aparentes quando descascam. Prenda sempre o cabelo e certifique-se de que está sempre limpo.
Tenha vontade de aprender	Leia tudo que passar na sua mão – de instrução de brinquedos a bulas de remédio, revistas, livros e jornais. Aprendemos muito com a leitura, e poucos adultos têm esse bom hábito. Se a família tiver livros sobre educação de filhos, e também sobre temas diversos, peça-os emprestados. Cuide bem deles e devolva-os conservados.
Tenha iniciativa	Dê dicas à mãe de um brinquedo legal de um colega que você viu no parquinho ou na casa de um amigo da criança. Leia os jornais para ver se há algum passeio diferente para fazerem no final de semana e sugira à mãe. Se a criança ficou com vontade de comer uma bolacha e não lhe ofereceram, pergunte à mãe se ela pode comprar. Quando possível, passeie em uma loja de brinquedos, anote o nome de alguns jogos interessantes e comente com a mãe. O trabalho da babá fica mais divertido se ela faz coisas de que também gosta.

O namorado	Evite telefonemas particulares durante o trabalho. Deixe agendado o próximo encontro antes de voltar ao trabalho, mas, se mesmo assim precisar conversar com seu namorado, seja bem rápida. Não faça tudo correndo para sair logo de folga e nunca se atrase na hora de voltar.

ERROS MAIS COMUNS DA LÍNGUA PORTUGUESA

- "Tem menos cadeiras aqui." Não é "menas".
- "Nós vamos ao cinema" ou "A gente vai ao cinema." Nunca "Nós vai" ou "A gente vamos".
- "Meio-dia e meia." Nunca "meio-dia e meio", pois queremos dizer que é meio-dia mais meia hora.
- "Estou meio confusa." Nunca "meia confusa".
- "Problema." Nunca "pobrema" ou "poblema".
- Não fale no gerúndio ("Eu vou estar colocando a roupa para lavar."). Para indicar algo que faremos no futuro, a frase correta é: "Eu vou colocar a roupa para lavar".
- "Esse é um problema para eu resolver." E não "para mim resolver". Use "para mim" apenas no fim de uma frase. Exemplo: "Entregou o brinquedo para mim".

4

Cuidando bem da criança

O QUE DEVO FAZER PARA CUIDAR BEM DA CRIANÇA?

Você precisa ser calma, paciente e muito carinhosa. Não pode, em hipótese nenhuma, gritar com a criança, muito menos bater nela. Uma babá que sempre vencia a criança no grito depois de horas de escândalo descobriu que essa dica vale ouro. Quando se irritava, passava a falar mais baixo. A criança ficou sem chão e assustada, obedecendo na hora. Dali para a frente, nunca mais gritou, o que evitou conflitos desnecessários.

Outro requisito necessário é que você elogie a criança. Isso faz bem a ela, melhora sua autoestima e sua vontade de aprender e fazer novas conquistas. Porém, nunca minta. Exemplos: "Você não joga basquete muito bem, mas tem muita habilidade no futebol! Você fez gols lindos hoje, parabéns!"; "Que bacana esse desenho, mas e esse outro? Você pode fazer melhor, completá-lo, onde estão os braços e as pernas das crianças?"

Também fique atenta às limitações das crianças. Algumas apresentam mais dificuldade física para brincar ou se locomover. Ajude-a sempre e nunca faça piada com sua incapacidade. Cuidado também com os comentários maldosos perto dela. Se outro adulto fizer comentários maldosos, nem sempre será possível "revidar", mas explique à criança que aquela pessoa não tem bom senso e faz comentários inadequados. Além disso, não sabe quanto ela já avançou. Como a criança confia em você, aquilo provavelmente não a incomodará. Se o comentário inadequado vier de outra criança, explique gentilmente que não podemos falar daquela maneira com um colega, pois magoa, e mude de assunto. Se optar por se afastar, sempre finalize a situação com uma frase que fortaleça a criança: "Que pena que essa colega acha que você não pode brincar com ela porque você é bem mais novo. Como ela vai se sentir quando crianças mais velhas disserem a ela que ela não pode brincar? Não podemos fazer aos outros o que não gostaríamos que fizessem para a gente".

Parênteses: esse método pode ser utilizado em outras situações. Vamos supor que a criança chegue em casa dizendo que um colega fala palavrões. Em vez de recriminá-lo e dizer que aquela amizade não é boa para a criança, use o exemplo ruim para ajudar a educá-la. Diga que não é porque o colega diz palavrões que ela poderá dizer também. Diga à criança que, se não souber se determinada palavra é feia ou não, basta perguntar. Essa atitude imparcial evita inclusive saias justas. Uma mãe contou que pediu ao filho que não brincasse mais com aquela colega boba e sem educação que falava muitos palavrões. Na primeira oportunidade que teve, a criança virou para a mãe da colega e disse: "Minha mãe falou que a sua filha é muito boba e sem educação e não posso mais brincar com ela porque ela fala muitos palavrões!"

Uma babá me contou o seguinte: o menino de quem cuidava era muito ridicularizado porque nunca respondia quando alguém o chamava. Sua resposta era sempre: "Hã? O quê?" Então a babá comentou esse fato com a mãe. Esse alerta foi importantíssimo, pois o médico detectou que realmente havia um problema auditivo – que, felizmente, foi tratado e sanado a tempo.

Outro exemplo: uma babá me contou que toda vez que ia ao dentista com a criança acontecia um escândalo. Ela olhava para o dentista e berrava; mal conseguiam colocá-la na cadeira. A babá lembrou que em casa tinham um livro do dinossauro Barney falando sobre o assunto e resolveu mostrá-lo à criança, a fim de que a próxima visita ao dentista fosse mais tranquila. Então a babá descobriu o que exatamente incomodava a criança: ao ver a máscara no rosto do dentista do livro, ela apontou e fez cara de choro. A babá contou à mãe, que na consulta seguinte pediu ao dentista que tirasse a máscara. Para surpresa (ou não) de todos, a criança entrou sorridente, sentou-se na cadeira e abriu a boca. A babá convive muito com a criança e pode perceber coisas importantíssimas que ajudem no dia a dia de todos.

Nunca coloque medo na criança nem minta a ela. Por exemplo: "Não chegue perto da piscina, tem um jacaré lá". A criança volta correndo. O dia seguinte amanhece com um baita sol, a família está toda na piscina, mas a criança não quer ir. "Ela está com medo da água", alguém comenta. Na verdade, ela está com medo do jacaré. Ontem ele estava lá. Por que hoje não estaria? E esse mesmo jacaré sobe pela janela e entra embaixo da cama da criança, que fica com medo na hora de dormir. No final, o jacaré mais atrapalhou do que ajudou. Diga a verdade: "Não vá à piscina, pois não há nenhum adulto para cuidar de você e é perigoso cair e se afogar". Outro exemplo: "Não coloque a mão na privada porque tem bicho". Instantes depois, a criança faz xixi na roupa.

"Regrediu", comentam. Regrediu ou está com medo do bicho do vaso sanitário? Diga à criança que ela não pode colocar a mão lá porque é um local sujo, onde fazemos xixi e cocô, e também tem produtos de limpeza fortes. Tampouco grite desesperadamente ou faça um escândalo se aparecer uma barata. Esse medo é seu: deixe a criança decidir se gostará ou não de tal bicho.

Por último, nunca seja cúmplice da criança: se ela pedir que você esconda algo dos pais, não aceite. É importante que ela saiba, desde o início, que você trabalha para os pais dela, que eles confiam em você e que você sempre contará o que aconteceu enquanto eles estavam ausentes. Seja fiel aos pais por mais tentador que seja fazer um vínculo dessa maneira com a criança. Ela sentirá ainda mais segurança quando estiver com você, pois sabe que você cuida dela de verdade. Uma babá contou que se rendeu quando a criança lhe pediu que escondesse da mãe que havia quebrado um vaso. Colaram a peça juntas e colocaram-na de volta no lugar. Quando a mãe percebeu, achou que um dos funcionários da casa tinha quebrado. No fim, a babá teve de explicar o que aconteceu e, por ter escondido a verdade, deixou a mãe em dúvida se tinha sido a babá ou a criança a responsável pelo acidente – mesmo com a admissão da "culpa" por parte da criança.

DUAS DICAS ESSENCIAIS

- Tome cuidado com o que ensina à criança: cada região do Brasil tem seus costumes, mitos e lendas. Antes de contar alguma história à criança, certifique-se de que os pais compactuam das mesmas ideias. O mesmo deve acontecer com as regras. Se você pertencer a uma igreja e quiser cantar alguma música específica para a criança, precisa saber se os pais concordam. Não existe um tipo de educação melhor ou pior. Ela é apenas diferente.

- Converse com a criança pronunciando corretamente as palavras. Não troque letras para falar de maneira engraçadinha, como: "Tadê a bininhinha?" Os adultos são modelos o tempo todo, e esse comportamento pode atrapalhar a fala correta da criança no futuro.

DEIXE A SUA MARQUINHA!

Não sabemos quanto tempo você ficará nessa família, mas certamente a sua passagem deixará lembranças a todos. Nem sempre a criança tem recordação da babá além de algumas fotos em seu álbum, então que tal construir uma lembrança? Pode ser um diário onde você anote o que achar mais importante e coloque algumas fotos, tíquetes de passeios que fizerem juntas etc. Outra dica seria montar um livro de brincadeiras ou um livro de receitas depois de anotarem o que cozinharam juntas. Cole os rótulos verdadeiros para mostrar os ingredientes usados. Imagine como vai ser mágico, dali a alguns anos, olhar esse álbum e recordar tudo isso!

COMO POSSO TRANSFORMAR O BANHO NUM MOMENTO PRAZEROSO?

As crianças normalmente gostam de banho. Se esse não for o caso da "sua" criança, talvez ela tenha tido algum problema anterior como: entrou sabonete nos olhos, engoliu água sem querer, sentiu água muito quente etc. Assim, tente perceber se há uma aflição real e explique que está atenta para que aquilo não aconteça novamente. Transmita segurança. Nunca deixe a criança sozinha no banheiro, pois há perigo de afogamento ou queda.

É importante que a hora do banho seja um momento especial. Normalmente a babá está ocupada, tem pressa e realiza essa tarefa rápida e mecanicamente. Transforme a hora do banho num momento divertido. Claro que nem sempre é possível brincar nessa hora, mas veja a seguir algumas dicas:

Use música	As crianças adoram música. Que tal colocar um CD com músicas clássicas ou infantis? Tire a roupa do bebê com calma explicando o que está fazendo. Enquanto desabotoa aqui, desamarra ali, converse com ela. Conte o que você está fazendo. Diga que ela vai tomar banho, que a água está morninha, uma delícia! Se a criança já sabe tirar a roupa, incentive-a a fazer isso sozinha, mas fique ao lado dela, acompanhando e orientando seus gestos: "Isso, agora a outra meia, depois a camiseta..."
Demonstre afeto e aprovação	Receber um carinho no corpinho, no pé e nas mãos com muito sabonete é delicioso. E não pare de narrar o que estiver fazendo: "E agora vou lavar esse pezinho fofo! No meio dos dedinhos faz cócegas?" Um vínculo gostoso se formará entre você e o bebê.
Proporcione autonomia à criança	Dê oportunidade para que a criança se lave e se vista sozinha desde bem pequena. Incentive-a a passar a esponja no pé, na barriga, no joelho. Se a criança for maior, o ideal é que se lave sozinha e você apenas coordene: "Não esqueça de lavar atrás das orelhas, entre os dedos do pé, lavou o bumbum?" Se for preciso, dê uma "finalizada".
Valorize o toque	O toque é extremamente importante para a formação e para o fortalecimento do vínculo entre o adulto e o bebê/criança, por isso a hora do banho deve ser especial. Usar um óleo infantil e massagear o bebê/a criança pequena antes do banho é uma boa ideia. Eles até dormem melhor, pois se acalmam. Verifique, porém, se a mãe concorda com o uso do óleo e com a massagem.
Invente brincadeiras	Leve alguns brinquedos para a banheira: esponja para espremer, espirrar água e dar banho na boneca ou boneco. Mostre brinquedos que afundam e flutuam e vejam juntos a diferença; brinquedos que grudem na parede ou vidro do boxe são divertidos. Se o banho for de chuveiro, leve uma bacia para encher de água e colocar os brinquedos. Pergunte à criança o que ela gostaria de levar e explique que ela não pode molhar alguns brinquedos, como os que usam pilhas.

COMO DEIXAR AS BRINCADEIRAS SEMPRE DIVERTIDAS?

As crianças precisam de brinquedos adequados à sua idade. As funções mais importantes do brinquedo são: aprendizado concreto do mundo exterior, imitação de papéis sociais (médico, professora, mãe etc.), construção da criatividade e treinamento das funções corporais (braços, pernas e todo o organismo). É importante que o brinquedo ofereça desafios. Se ela já explorou todas as possibilidades, está na hora de apresentar algo mais estimulante. Se você mostrar um brinquedo que a criança ainda não consegue manipular, guarde-o e o reapresente um tempo depois. Nunca subestime a criança, pois ela pode ser capaz de explorar atividades com as quais o adulto nem sonha...

Se a criança não sabe brincar com um brinquedo novo, sente-se com ela e explique tudo que pode ser feito. Em um primeiro momento, deixe-a explorar o objeto livremente e observe se ela descobre algo sozinha, mas não deixe que ela perca o interesse. Os brinquedos devem ser leves, alegres, com cores vivas, grandes (para que não sejam engolidos) e de consistência variável (um duro, um macio, um liso, um áspero etc.). Prefira aqueles que possam ser agarrados e sacudidos. Todos deverão ser lavados com frequência. Veja a seguir mais algumas sugestões para que a hora de brincar seja sempre divertida.

- Não abandone a criança dentro do cercado/chiqueirinho. Apareça sempre para ver o que ela está fazendo e também para estimulá-la. Não a deixe no cercado por mais de vinte minutos em cada período do dia. É importante que a criança explore um grande espaço para que possa ser estimulada a sentar-se, engatinhar e depois andar. O ideal é que o bebê fique sempre no chão e aprenda a explorar o ambiente onde vive e brinca. Aproveitando que estamos falando disso, aposente o andador e nunca peça à mãe que compre um. Esse objeto pode fazer que a criança não engatinhe, não aprenda a equilibrar-se e até a não cair. É o que acontece quando a criança cai de boca, sem se proteger com as mãos, pois raramente fica exposta a esse desafio. Sem contar no perigo de um andador próximo de escadas ou degraus.

- Não insista se a criança não quiser brincar com o brinquedo que você escolheu. Pode ser que ela não goste de quebra-cabeças, então ofereça-o em outra ocasião, pois ela pode mudar de ideia.
- Se o brinquedo estiver quebrado, pode perder o significado. Verifique se há como consertá-lo; do contrário, não há sentido em mantê-lo. Consulte a mãe nesses casos.
- Existem brinquedos muito barulhentos que fazem mal à audição da criança e irritam os adultos e até os animais domésticos. Se a criança tiver um e você não puder se desfazer dele, coloque fitas adesivas ou algodão para cobrir minimamente o local de onde sai o som.
- Não deixe todos os brinquedos expostos: guarde alguns, pois se há muitas opções a criança pode ficar perdida e não brincar com nada. Escolha cinco brinquedos e troque-os a cada semana ou como achar melhor. Isso fará que o antigo brinquedo volte a ser uma novidade.
- Se a hora de dormir está chegando, não escolha brinquedos barulhentos que provoquem agitação. Não é hora para pegar o trem que apita e solta fumaça de verdade. Ler histórias ou ouvir uma música calma podem ser boas opções.
- Leia livros todos os dias para a criança. Invente uma história ou leia exatamente como está escrito, pois a criança está sempre atenta e quer saber a história verdadeira. Enriquecer

o vocabulário é um dos objetivos da leitura, então não troque palavras difíceis por outras mais fáceis. Mude o tom de voz conforme muda o personagem, faça o barulho da porta rangendo etc. As crianças adoram!

- Não brinque de jogar a criança para o alto, de rodopiar segurando-a pelos braços ou pelas pernas e de chacoalhar. Também não a coloque sobre os ombros, pois todas essas atividades podem causar acidentes graves, então evite-as. Mesmo que os pais brinquem assim, não repita a brincadeira.
- Muita atenção com peças pequenas: por mais que estejamos atentos, há sempre botões, linhas, tampas de caneta por perto. Esses pequenos objetos podem ser engolidos ou introduzidos no ouvido e no nariz. Fique atenta quando a criança estiver segurando objetos como: lápis, galhos de árvore, tesoura e outros que possam feri-la.
- Incentive a criança a guardar os brinquedos. Não faça tudo por ela. Se estiver faltando uma peça do quebra-cabeça, procurem juntas na hora; não deixe para depois. Use a criatividade para fazê-la colaborar. Transforme esse momento em parte da brincadeira: "Vamos ver quem consegue guardar mais brinquedos? Eu ou você?"
- Procure manter os brinquedos guardados em grupos: os animais do fundo do mar em uma caixa, os dinossauros em outra. Igual para as peças de lego, massinhas, potes de tinta, bolinhas. Mesmo que a criança misture tudo ao brincar, incentive-a a separar na hora de guardar ou mais tarde volte lá e faça isso. Quanto mais a criança encontrar os brinquedos organizados, mais ficará estimulada a brincar e a depois guardar.
- Outra forma de brincar é passear com a criança e mostrar o mundo a ela: "Veja, um avião!"; "Que cachorro preto bonito!"; "Ali atrás tem uma fábrica que faz bolachas, como as que a gente come em casa".

Uma lista de brincadeiras para quase todas as idades

Esconder e aparecer.
Bola, carrinhos, animais.
Jogos de encaixe.
Casinha de boneca.
Jogos de percurso (aquele com dados).
Jogos com regras.
Bonecos.
Quebra-cabeça.
Montar um brinquedo com sucata.
Brincar de família (faz de conta): pedir pizza ao telefone, dizer o sabor escolhido, perguntar quanto tempo vai demorar etc.

O QUE DEVO FAZER SE A MÃE PROÍBE A CRIANÇA DE VER TELEVISÃO, MAS ELA PREFERE ISSO A BRINCAR?

É comum que a mãe não queira, de jeito nenhum, que você deixe a criança assistindo à TV durante o dia. Ela espera que você se dedique a inventar atividades e a distrair a criança de outras maneiras. É comum, também, que a mãe ligue a TV quando chega sua vez de ficar com a criança... Não questione essa atitude e procure seguir a regra que ela instituiu.

O QUE DEVO FAZER SE TIVER ALGUMA TAREFA IMPORTANTE E PRECISAR DEIXAR A CRIANÇA BRINCANDO SOZINHA POR UM TEMPO?

Inicie uma nova brincadeira antes de se ausentar e deixe-a entretida – assim você poderá se retirar tranquilamente sem ter de levar a criança junto. É importante que ela explore e descubra o mundo sozinha. Mas tome muito cuidado, pois as crianças são imprevisíveis e acidentes podem ocorrer. Os itens abaixo devem ser observados sempre:

- As tomadas estão protegidas?
- Há algum fio elétrico que a criança possa puxar ou algo que possa derrubar sobre si?
- Há escadas por perto?
- Móveis que possam servir de escada e deem acesso a alguma janela? Mesmo que haja redes nas janelas, feche o vidro. Uma mãe contou que, ao entrar no quarto do filho, este estava sentado sobre a cômoda com uma tesoura na mão, tentando cortar a rede. Ele felizmente não tinha força para cortar as cordas, mas não precisamos correr o risco, não é mesmo?
- Há objetos muito pequenos que possam ser engolidos?
- Remédios ao alcance? Sacolas plásticas, linhas ou mesmo fraldas de pano?

COMO DEVO FAZER A HIGIENE DA CRIANÇA E DE SEUS OBJETOS?

A higiene da criança é extremamente importante, pois evita que ela contraia doenças e infecções. Sabemos que as crianças se sujam muito nas brincadeiras, e isso não deve ser motivo para censurá-las. Veja abaixo algumas dicas para que a criança e o ambiente em que ela vive estejam sempre limpos.

Limpeza da criança	Não use a sua saliva para limpar a criança, como tirar uma sujeirinha do rosto, por exemplo. Não é correto, também, lamber os dedos da criança quando estão sujos de chocolate. Não coloque a sua mão dentro da boca da criança para brincar ou para que ela morda. Acompanhe-a ao banheiro sempre, mesmo que ela faça tudo sozinha, para certificar-se de que ela está limpa. O ienço umedecido é uma boa dica para auxiliar na limpeza. É comum que as próprias mães limpem o rosto dos filhos com a sua saliva, mas esse hábito precisa ser abolido. Quando eu era professora de crianças pequenas, fui surpreendida por uma mãe que, ao ver o meu rosto sujo de tinta, não teve dúvidas: lambeu o dedo e passou no meu rosto para tirar a tinta. Eu fiquei paralisada e quase não podia acreditar que aquilo estivesse acontecendo!
Dentes	Escove os dentes da criança sempre após as refeições e a mamadeira noturna, quando for o caso. A criança deve visitar o odontopediatra regularmente, desde o aparecimento dos primeiros dentinhos. Até os 5 anos, ou enquanto a criança possa engolir a pasta de dentes, use uma sem flúor.
Banho	Use produtos infantis e tenha o hábito de passar a esponja por todo o corpo da criança. Incentive-a a se lavar sozinha.
Unhas	Corte-as sempre e use uma escova macia e água e sabonete para limpá-las.
Quarto e brinquedos	Não deixe que os brinquedos expostos fiquem empoeirados. Abra as janelas todos os dias e deixe a criança brincar sob a luz natural.

COMO AGIR DIANTE DE SITUAÇÕES-PROBLEMA?

E são tantas... Veja nos tópicos seguintes as mais comuns.

Passar o dia ou uma temporada na casa dos avós

Por mais que a avó não tenha paciência com a babá e interfira na rotina da criança de maneira inadequada, sorria. Talvez você tenha de enfrentar essa situação diversas vezes...

Tirando a fralda

Se a criança está na fase de tirar a fralda, é importante levá-la várias vezes ao banheiro, mesmo que ela não peça, até que ela aprenda a pedir antes de fazer xixi e cocô na roupa. Se escapar, não dê bronca. Uma estratégia é demorar um pouco mais para trocá-la, a fim de que ela note como aquilo a incomoda e fique mais atenta para pedir antes de fazer.

Os adultos geralmente têm pressa de desfraldar a criança, mas às vezes ela ainda não está pronta. Alguns sinais nos mostram que está na hora: quando a criança pede para ir ao banheiro, mesmo que tenha deixado escapar um pouco; quando a criança se sente incomodada: ela faz cocô na fralda, avisa imediatamente e nem se mexe (caso bem diferente daquela criança que faz cocô na fralda, deita, rola e não está nem aí).

Fiquei bem feliz quando tirei a fralda do meu filho de dia e de noite ao mesmo tempo. Ele pedia para ir ao banheiro para fazer xixi e a fralda amanhecia seca. Ele estava com 2 anos e meio, mais do que na hora para mim. O que eu não poderia imaginar é que ele não fosse fazer cocô no banheiro. Só fazia na cueca, e foram muitos meses assim até que ele finalmente usasse o vaso sanitário. Ele estava pronto para fazer xixi, mas eu não verifiquei a questão do cocô antes de finalmente livrar-me da fralda.

Tal acontecimento é comum e, nesse caso, não há problema em colocar a fralda apenas para que a criança faça cocô ou trocar a cueca suja depois. Não deixe que a criança perceba que essa é uma questão de angústia para os adultos. Seja natural e, quando for falar sobre o assunto com a mãe, não o faça na frente da criança. Continue incentivando sutilmente a criança a ir ao banheiro e não troque o cocô na privada por um presente: "Se você fizer cocô no vaso sanitário, vou lhe dar um chocolate". Isso é comprar a criança. Além disso, não fazer cocô no vaso sanitário pode ser um problema muito além de qualquer coisa que você faça. A criança pode estar testando os adultos, pois percebeu que aquela atitude os incomoda. Mas pode ser também que ela esteja angustiada com essa nova etapa de desenvolvimento – e ficará ainda mais frustrada por não conseguir ganhar o chocolate.

A hora do sono

Veja algumas situações que podem tornar a hora de dormir um tormento:

- Crianças que são ameaçadas durante o dia: "Não vai lá que tem um rinoceronte". À noite, o rinoceronte vai assombrá-la no quarto.
- Crianças que são ameaçadas na hora de dormir: "Dorme já se não o homem do saco vem te pegar".
- Pai e mãe que passam o dia fora e resolvem brincar de luta ou pegar um brinquedo barulhento cinco minutos antes da hora de dormir.
- Muito ritual: chupeta, paninho, ursinho, ponto de luz, porta entreaberta, leitura de um livro, oração etc. Se um desses itens faltar, a criança se recusará a dormir.

O que pode facilitar:

- Coloque a criança para dormir sempre no mesmo horário, mesmo que o pai ainda não tenha chegado em casa. Caso ele faça questão de ver a criança à noite e seu atraso se torne constante, é melhor colocá-la para dormir depois que ele chegar.

- Diga boa-noite enquanto escova os dentes e coloca o pijama e, assim que a criança deitar, saia do quarto. Se você tiver o hábito de ficar no quarto até que ela durma, não converse mais com ela.
- Se a criança levantar à noite e for para o quarto dos pais, deverá ser levada de volta. Se você decidir abrir uma exceção e dormir com ela, insista para que ela volte a dormir.
- Não acorde a criança para ir ao banheiro ou se alimentar de madrugada.

Hiperatividade

Somente um médico pode diagnosticar uma doença; portanto, se a criança for muito agitada, levada, sapeca, ela pode estar somente sem modos, e não doente. A criança hiperativa apresenta um comportamento inadequado em pelo menos três lugares diferentes: na escola, em casa e em uma aula extraclasse, por exemplo. Se a criança só der trabalho a você e aos pais, provavelmente se trata de falta de limites. Se você sentir uma mudança no comportamento da criança, avise os pais, mas sem dar nome de doença ao problema.

A birra e a chantagem

Quando a criança não aceita um limite imposto pelos adultos, pode fazer birra. Caso isso aconteça, não atenda ao pedido dela. Siga firme com sua regra. Mantenha o "não", pois se ela tiver sucesso nessa birra fará muitas outras. Se possível saia de perto, pois sem plateia não há show. Ao realizar o desejo da criança diante de uma birra, os adultos incentivam mais birras. Não largue, porém, a criança por muito tempo. Mostre que ignorou a cena e em seguida mude de assunto: "Veja! Há vários passarinhos bebendo a água da chuva aqui nessa poça!"

Se não puder sair de perto da criança com ataque de manha, mude de assunto imediatamente. Se a dificuldade do momento for colocá-la na cadeirinha do carro, por exemplo, em vez de dizer: "Senta, já falei, é pra sentar já, fica quieta, vou prender o cinto", não perca tempo e chame a atenção da criança para outra coisa. Enquanto ajeita a criança – que está esperneando e gritando – e prende o cinto, diga: "Nossa, que carro é aquele estacionado logo ali? Que lindo! Vermelho, cor forte, a mesma cor da sua bicicleta. Vamos andar de bicicleta hoje à tarde? Faz tempo que não vamos à pracinha..." Somos os adultos, temos de ser mais espertos.

Acima de tudo, não compre a criança com promessas: "Se você comer bem, vamos ao parquinho"; "Se você tomar banho rápido, dou um iogurte". A criança deve crescer realizando as tarefas pelo simples fato de fazerem parte das regras da casa e não precisa ser compensada por isso.

Se você mudar a maneira de se expressar, deixa de ser chantagem: "Depois que você comer bem, vamos ao parquinho"; "Depois do banho, será a hora do iogurte". Dessa maneira, você estará adiantando a rotina e pode animar a criança a terminar logo a tarefa anterior. Basta trocar o "se" por "depois que".

QUAL A MANEIRA ADEQUADA DE REPREENDER A CRIANÇA?

É importante que a babá também repreenda a criança e aplique uma sanção (como tirar um brinquedo ou proibi-la de ver televisão por um tempo, por exemplo), desde que tenha permissão para fazer isso. A criança precisa ser repreendida no momento em que age de maneira inadequada, e não horas depois, quando a mãe ou o pai chegar em casa. Se tiver a permissão, já combine com a mãe como agir diante de cada situação. Assim vocês estarão em sintonia. O "quando a sua mãe chegar..." não adianta nada, pois a mãe nem viu o que aconteceu, está com saudades, quer abraçar a criança – e não dar bronca.

COMO POSSO AJUDAR A CRIANÇA DE QUE GOSTO TANTO A PROGREDIR?

Em primeiro lugar, é preciso que ela passe por frustrações. Ter prazeres e desprazeres coopera para a formação do equilíbrio da criança, mas no dia a dia os adultos protegem-nas demais, o que trará problemas no futuro. Para se desenvolver e progredir, ela tem de ser privada de certas vantagens, como sair de uma loja de brinquedos sem comprar nada. Se o peixinho dela morrer, não é adequado correr e colocar outro parecido no lugar. A primeira frustração do ser humano não pode ocorrer aos 30 anos.

Em segundo lugar, não rotule a criança: "Ela é tímida, ela é insuportável, ela é fácil, ela é boazinha etc.". Se a criança for tímida, respeite e ao mesmo tempo dê oportunidades para que ela se solte um pouco mais. Não diga coisas como: "Ô, bicho do mato, cumprimente a sua amiga. Gente, não liga, ela é tímida".

Em terceiro lugar, não coloque apelidos – ainda que pareçam carinhosos. Use apenas os apelidos adotados pelos pais e somente se forem adequados. Se não forem, chame a criança pelo nome. Alguns pais avisam desde o início como querem que a babá chame a criança, então evite inovações: filezinho, gordinho, branquelinho, franguinho etc.

Por último, atenda sempre a criança. Se ela chamar você para mostrar algum brinquedo, por exemplo, atenda. Sua aprovação é muito importante para ela. Porém, se souber que não poderá atendê-la nos próximos minutos, avise. Se a criança interromper uma conversa ao telefone, por exemplo, diga: "Estou falando com sua mãe, já, já, falo com você". Aos poucos a criança aprenderá a esperar a sua vez de receber atenção, mesmo que tenha de esperar.

COMO PREVENIR ACIDENTES?

É muito importante que a babá se antecipe aos problemas. Se o copo está na beira da mesa, a chance de a criança derrubá-lo é grande, então tire o copo de lá. Outras pessoas circulam pela casa e podem ser descuidadas. Se a cozinheira deixar a faca na ponta da pia e a criança se machucar, se a avó esquecer o remédio sobre a mesa e a criança ingeri-lo, se o tio fumante largar o cinzeiro sujo e a criança meter a mão nele, a "culpa" será da babá, que "não estava atenta". Essas afirmações são irritantes, mas lembre-se de que você é sempre a responsável pela criança.

É comum, inclusive, que você seja culpada por deslizes que não cometeu. Muitas vezes a criança se machuca na folga da babá e um desavisado solta a seguinte frase: "Nossa, e onde estava a sua babá nesse momento? Que imprudência!" Nesse caso, a mãe ou outra pessoa que estava com a criança deve assumir a responsabilidade.

De sua parte, procure se policiar para não fazer comentários como: "Basta eu sair de folga pra que essa criança se machuque!" Esse tipo de atitude deprecia os pais. Parece que só a babá sabe cuidar da criança. Por mais que isso seja verdade, não há por que comentar.

Veja a seguir algumas dicas básicas para garantir que a criança esteja sempre segura.

Dicas fundamentais para manter a criança sempre segura

Portas	Feche sempre as portas e portões que dão acesso a escadas, armários e piscinas.
Cozinha	Os cabos de panelas devem estar virados para dentro do fogão. Use somente as bocas de trás e não deixe a criança brincar na cozinha.
Objetos pequenos e perigosos	Guarde os objetos perigosos, como tesoura, faca, enfeites de vidro. Cuidado com móveis que tenham quinas cortantes e com os batentes de porta.
Tomadas	Certifique-se de que todas as tomadas da casa estão protegidas. Se for a algum lugar que não tenha protetores, fique muito atenta.
Remédios e produtos de limpeza	Nunca deixe remédios e produtos de limpeza ao alcance da criança. Muitas vezes, por serem coloridos e terem formatos variados, eles atraem a atenção dos pequenos e podem provocar queimaduras e envenenamentos fatais. Cuidado!
Telefones de emergência	Tenha os telefones de emergência e dos familiares sempre à mão.
Plantas	Atenção com as plantas. Muitas delas são venenosas. Na dúvida, não deixe que a criança mexa nelas.
Berço	Verifique sempre se a criança já está conseguindo sair sozinha do berço. Para evitar um tombo, é melhor passá-la para a cama (desde que essa tenha grades de segurança laterais). Converse com a mãe a esse respeito.
Locais perigosos	Não coloque a criança em cima de mesas, pias, máquina de lavar roupas ou em balcões de farmácia ou supermercado. Cuidado também com vasos sanitários: mantenha as tampas abaixadas em toda a casa.
Cinto de segurança	Não deixe de prender as correias de segurança do carrinho de passeio, bebê-conforto, cadeira do carro ou de alimentação.
Animais domésticos	Se a casa tiver animais domésticos, mesmo que dóceis, evite que a criança faça movimentos bruscos perto deles.
Emergências	Diante de uma situação de emergência, não entre em pânico e chame alguém para ajudá-la. Vá direto para o hospital enquanto outra pessoa telefona para a mãe. Se estiver sozinha, ligue do caminho.

▶

▶

Parquinho	Quando estiver no parquinho, nunca tire os olhos da criança. É importante, porém, que você a deixe brincar tranquilamente. Observe os possíveis perigos e mantenha-se a uma distância adequada para que ela tenha espaço para brincar e esteja em segurança.
Ausência/afastamento da babá por uns instantes (em caso de criança pequena)	Certifique-se de que há outro adulto cuidando da segurança da criança.
Saída da mãe	O momento da separação nem sempre é fácil. Algumas crianças choram, chutam, gritam, mas é importante que a mãe se despeça da criança antes de sair. Se você ficar com a criança aos berros, tenha paciência para acalmá-la. Sempre incentive a despedida.

COMO FAZER A CRIANÇA COMER BEM NA HORA DA REFEIÇÃO?

Algumas crianças dão trabalho na hora de comer. Recusam todo tipo de alimento, cospem o que é colocado na boca delas, choram e fazem um escândalo a cada refeição. Outras, ao contrário, adoram comer. Qualquer que seja o caso, veja abaixo como tornar a hora do almoço ou do jantar bem mais prazerosa:

- Mostre as cores dos alimentos, despertando a curiosidade da criança: "Hum, que delícia esse arroz branco! E olha como a beterraba solta um caldinho vermelho! Da mesma cor do suco de morango!" Prepare sempre pratos atraentes.
- Use a matemática: conte quantos pedaços de frango estão no prato, quantas colheradas de comida a criança já comeu, quantos degraus da escada vocês descem para chegar até a cozinha. Essas são brincadeiras educativas e divertidas.

- Dê à criança a oportunidade de comer sozinha: obviamente, ela vai fazer bagunça e se sujar; por isso, escolha um local adequado, que possa ser limpo rápida e facilmente, para oferecer a refeição. Para garantir que parte da comida seja engolida, ajude com outra colher.
- Ensine à criança que existem lugares adequados para fazer as refeições: os locais ideais são a cozinha, a copa e a sala de jantar. Algumas famílias, porém, liberam a sala ou até mesmo o quarto da criança. Siga, então, as regras da casa. Se você tiver a oportunidade de escolher o local de refeição, opte pelos três primeiros.
- O prato não "anda"; portanto, não siga a criança com o prato de comida enquanto ela brinca ou anda pela casa porque não quer comer. Ela deve sentar-se adequadamente. Não deixe o prato no chão.
- Não assopre a comida com o objetivo de esfriá-la, pois sua saliva pode se espalhar pelos alimentos. Da mesma forma, não experimente a comida com o talher da criança.

A CRIANÇA TEM DE COMER TUDO?

Não necessariamente. O ideal é que ela coma bem. Se dissermos que ela tem de "comer tudo" e no final sobrarem uns pedacinhos de frango e "tudo bem", a criança perceberá que não comeu tudo e ficou "tudo bem". O "comer bem" somos nós que controlamos. Se achamos que está bom, basta!

Algumas famílias insistem que a criança coma alface, porque se não comer desde cedo não vai se acostumar depois. Acredito, porém, que o exemplo, o modelo dos pais, vale mais. Se ao sentar-se à mesa a criança tiver diante dela alface, legumes, tomate, agrião, entre outros, pode não gostar deles hoje, mas estará exposta a eles durante seu crescimento e poderá comê-los um dia.

E SE A CRIANÇA NÃO QUISER COMER? E SE ELA NÃO ABRIR A BOCA?

Muitos adultos ficam aflitos nessa hora. Não importa quanto e como a criança coma, desde que coma. Os pediatras não cansam de repetir: "Se a criança está saudável, no peso, na altura esperada e faz birra na hora da refeição, tire o prato e ofereça o alimento apenas na próxima refeição". Em alguns casos, basta fazer isso uma vez para que a criança coma direitinho no dia seguinte. Então, não tenha dó.

Se a criança se negar a abrir a boca para a próxima colherada, não insista. Ela está satisfeita. E pode ter comido o lanche da escola mais tarde, estar indisposta, num começo de gripe etc.

DICAS PARA MELHORAR O APETITE DA CRIANÇA

- Evite assuntos que gerem algum tipo de discussão.
- Arrume o prato da criança de forma atraente com alimentos coloridos.
- Ofereça alimentos de que ela goste, não force os que ela não aprecia. Vale mais a pena fazer uma sopa completa com tudo batido e garantir a alimentação sem horas de discussão.
- Não insista muito se ela não quiser mais comer.
- Espace uma refeição da outra para abrir o apetite da criança.
- Não ofereça guloseimas, como doces e balas – a não ser, é claro, que os pais permitam.

Dicas finais para facilitar a sua vida – e a da criança

A agenda	Tenha uma agenda ou caderno de anotações para a rotina da criança. Anote os recados da mãe e os horários de atividades, entre outros dados importantes. Liste informações das quais você não pode se esquecer na próxima viagem ou na ida ao pediatra. Registre também a temperatura da criança nos dias de febre, a fim de manter a mãe sempre informada.
A água	Deixe um copo de água fechado, daqueles com canudo, sempre por perto e ao alcance da criança. Muitas vezes elas não pedem a água, mas se houver um copo por perto vão se servir sozinhas e se acostumar a beber mais água – o que é saudável.
A roupa da criança	Verifique se a roupa está adequada à temperatura, para que a criança não passe frio nem fique com calor. Mantenha as peças – sempre limpas e bem passadas – em ordem nas gavetas e nos armários. Quando sair para passear ou viajar, leve roupas para diferentes estações do ano, pois o tempo pode mudar.
A arrumação do ambiente antes de sair	Se vocês estavam no quarto e precisam ir à cozinha para almoçar, mesmo que tenha passado da hora, não largue os brinquedos pelo chão. Recolha e organize tudo e só então saia do quarto.
Os tombos	Se a criança cair enquanto brinca e for uma queda simples, sorria, não se desespere. Mostre que está atenta, mas entende que cair faz parte de seu desenvolvimento. Se ela se machucar, não diga "Não foi nada", pois foi. Pergunte: "Tudo bem? Está doendo? Você está chateada?" Assim a criança percebe que você sabe o que ela está sentindo e se sente acolhida.
A hora de dormir	A hora do sono da criança deve ser respeitada o máximo possível, portanto evite passeios fora de horário. Não acorde-a para sair ou quando chegar uma visita.
A chupeta	Deixe a chupeta no quarto, só para a hora de dormir. Em certos momentos esse objeto pode atrapalhar a dinâmica das brincadeiras ou deixar a criança manhosa. Não use a chupeta para substituir o colo ou momentos de atenção.
Os outros funcionários da casa	É gostoso fazer amizade com os outros funcionários da casa. Aproveite esses momentos para conversar, e não para discutir ou fazer fofoca – especialmente na frente da criança e da família. É importante que o papel de cada funcionário esteja bem claro para que não haja conflitos. Alguns funcionários acham que a babá é folgada porque passa o dia passeando ou brincando com a criança. Não dê bola.

▶

O pediatra	Ajude a mãe a se lembrar de detalhes importantes que devem ser comentados com o médico durante o caminho, dentro do carro. Uma lista por escrito pode ajudar. Quando estiver no consultório, deixe que a mãe converse com o pediatra e só fale quando lhe perguntarem alguma coisa.
A casa dos avós	Provavelmente algumas regras sejam diferentes, mas são as que devem vigorar enquanto vocês estiverem lá. Se acontecer algo muito diferente, conte aos pais quando chegar em casa. Se eles acharem inadequado, conversarão com os avós da criança. Alguns pais fazem questão de manter a mesma regra da casa quando a criança está fora, mas para que isso dê certo é preciso combinar previamente com os avós.
A escola	Você pode sentir ciúme da professora, pois até há pouco tempo a criança só ficava com os pais e com você... Não se preocupe! As atividades são diferentes. Cada uma terá um espaço especial para a criança e dificilmente a babá perde o seu lugar do topo da lista. Quando a criança vai para a escola é bom para a babá, pois ela tem um período do dia livre para seus afazeres. Além disso, a criança aprende novas regras sobre rotina e independência e passa a aplicá-las em casa, o que facilita a convivência de todos.
O clube	Dizem as más línguas que esse é o local onde a babá mais comenta sobre o seu trabalho. Lá reclama das mães e fala sobre o salário o tempo todo. Por que a babá tem a fama de se apresentar dizendo: "Oi, tudo bem? Meu nome é Joana. E o seu? Quanto você ganha?" Que tal mudar esse comportamento de uma vez por todas? As babás que já aprenderam que não devem falar sobre seu trabalho e salário reclamam que algumas colegas as excluem do grupo, mas é melhor assim. Como em qualquer profissão, é deselegante reclamar do patrão no ambiente de trabalho, e o salário é um assunto pessoal.
As atividades extracurriculares da criança (natação, balé, judô etc.)	Não se esqueça de colocar tudo na sacola, pois nada é mais chato do que esquecer de levar o maiô para a aula de natação. Se você for acompanhar a criança, não se atrase, não converse em voz alta com outras babás e fique esperando em um lugar que não atrapalhe outras pessoas.

As visitas	Sejam familiares ou amigos da família, tente manter-se afastada para que eles tenham a oportunidade de brincar com a criança. Nem sempre a criança quer deixar a babá para ficar com a madrinha, mas você deve insistir com a criança para que ela vá. Fique fora da vista da criança, mas sempre por perto, caso precisem de você. É comum todos acharem que a babá "está por ali"; cada um vai para um canto e a criança fica sozinha. Uma babá contou que percebeu um grande silêncio na sala enquanto aguardava na cozinha. Resolveu dar uma espiada e encontrou a criança sozinha, nua, debaixo da mesa de centro. Os familiares haviam se levantado para ver fotos na sala ao lado.
A chegada de um novo bebê	O nascimento de uma criança causa bastante alvoroço. Todos ficam felizes e querem conviver com o bebê. Tudo bem, desde que isso não atrapalhe a dinâmica da casa, da criança maior, dos pais e do próprio recém-nascido. Os pais precisam impor alguns limites. Se forem convidados para uma festa noturna, devem dizer ao anfitrião que ele pode contar com sua presença, mas que o bebê ficará com a babá. Nesse caso, a mãe deverá deixar claro para parentes e amigos que a babá tem uma série de regras a seguir, validando a postura dessa profissional perante as outras pessoas.
As viagens	Quando o casal for viajar, o ideal é deixar a criança em casa com a babá, mesmo que outro familiar se hospede lá nesse período. Essa alternativa é bem melhor que hospedar a criança na casa dos avós ou familiares. Manter a rotina original é melhor para a criança e principalmente para a babá. É nessas ocasiões que a babá passa pelas maiores saias justas, pois os familiares mudam demais a rotina da criança e nem sempre validam as atitudes da babá. Como foi dito acima, antes de viajar os pais devem validar as atitudes da babá perante os familiares.

Babá

Manual de instruções

Dados Internacionais de Catalogação na Publicação (CIP)
(Câmara Brasileira do Livro, SP, Brasil)

Palermo, Roberta
Babá : manual de instruções : guia para a mãe ; Mãe : manual de instruções : guia para a babá / Roberta Palermo. – São Paulo : Mescla, 2009.

ISBN 978-85-88641-09-9

1. Mães e babás – Relacionamento pessoal I. Título.

09-04757 CDD-640.46

Índice para catálogo sistemático:

1. Mães e babás : Relacionamento : Vida familiar 640.46

Babá

Manual de instruções

Guia para a mãe

ROBERTA PALERMO

mescla
EDITORIAL

BABÁ – MANUAL DE INSTRUÇÕES
guia para a mãe

Editora executiva: **Soraia Bini Cury**
Editoras assistentes: **Andressa Bezerra e Bibiana Leme**
Ilustração da capa: **Ana Roberta Tartaglia**
Finalização da capa: **Acqua Estúdio Gráfico**
Projeto gráfico e diagramação: **Acqua Estúdio Gráfico**
Impressão: **Sumago Gráfica Editorial**

Mescla Editorial
Departamento editorial:
Rua Itapicuru, 613 – 7º andar
05006-000 – São Paulo – SP
Fone: (11) 3872-3322
Fax: (11) 3872-7476
http://www.mescla.com.br
e-mail: mescla@mescla.com.br

Atendimento ao consumidor:
Summus Editorial
Fone: (11) 3865-9890

Vendas por atacado:
Fone: (11) 3873-8638
Fax: (11) 3873-7085
e-mail: vendas@summus.com.br

Impresso no Brasil

Dedico este livro a todas as babás que passaram pelo meu Curso de Formação de Babás nos últimos quatro anos. Obrigada por me ensinarem tudo sobre essa profissão tão fundamental nos dias de hoje.

Agradecimentos

A Ciça e Renato Botelho, por permitirem a realização do Curso de Formação de Babás em sua escola.

A todas as mães que a mim confiaram suas babás.

Aos meus amigos e amigas da See-Saw/Panamby, por fazerem parte do meu dia a dia.

A Marcio Palermo, meu marido, por estar sempre presente na minha vida e diariamente conversar comigo sobre o meu trabalho.

A Lucas, Amanda e Pedro, por terem me dado a oportunidade de descobrir na prática como é gratificante cuidar pessoalmente de uma criança.

À terapeuta familiar Maria Rita D'Angelo Seixas, por ter incentivado meu crescimento profissional.

À psicóloga Bia Amaral, por ter trocado tantas figurinhas comigo no primeiro ano do Curso de Formação de Babás, do qual participava como ouvinte.

Sumário

Prefácio

O objetivo principal dos pais é promover a saúde, a educação e o bem-estar aos seus filhos. As opções de estilo de vida resultam numa vida saudável ou não. Os pais devem dar exemplos de uma dieta nutritiva, fazer exercícios regularmente, ler, ter relacionamentos harmoniosos e respeitosos e uma vida equilibrada. A maior influência são os exemplos, e não um discurso dissociado de um estilo de vida.

Devemos, como pais, esforçar-nos para ser pessoas melhores e, assim, influenciar genuinamente nossos filhos. A educação necessita de princípios e valores – como respeitar a autonomia da criança que estamos formando, dar-lhe limites e ter consistência nas atitudes, preservar ou promover sua autoestima e sua resiliência. É importante educar com educação.

O ritmo de vida atual é muito acelerado e precisamos distinguir o que é urgente do que é importante para nós. Dedicar-nos ao cuidado dos filhos, particularmente nos primeiros anos de vida, é primordial para seu desenvolvimento posterior. Saber o que fa-

zer é importante (conhecimento); saber como fazê-lo é essencial (habilidade).

Este livro foi escrito para melhorar a sincronia dos pais com a babá. Esta deve dar suporte e ajudar a cuidar – sem atrapalhar, competir ou impor seu estilo.

Ser mãe e pai é uma experiência singular e deve ser respeitada e incentivada. O ato de cuidar carrega um aprendizado empírico que deve ser realizado plenamente pelos pais, sem culpa.

A sociedade ocidental moderna está exageradamente consumista, hedonista, materialista e individualista. No varejo, pais bem-intencionados podem errar em pequenas decisões, sem impacto relevante na vida da criança. No atacado, dando limites, cuidado, exemplo e amor, não erram. E esse aprendizado não deve ser inibido nem controlado pela babá.

Nesse sentido, este livro vem preencher uma lacuna na literatura brasileira.

Eduardo Juan Troster
Médico coordenador do CTI Pediátrico
do Hospital Israelita Albert Einstein
Professor Livre Docente do Departamento de Pediatria
da Faculdade de Medicina da Universidade de São Paulo

Apresentação

Eu não tive babá para me ajudar a cuidar do meu filho. Em vez de dividir os cuidados do bebê com alguém, adaptei minha vida para poder dar conta do recado. Na época do nascimento eu era professora em período integral na escola onde trabalho até hoje, e tive a oportunidade de ficar seis meses em licença-maternidade.

Quando voltei à atividade, passei a trabalhar apenas no período da manhã. Nessa ocasião, deixava o meu bebê de 6 meses aos cuidados de uma "babá" na casa da minha sogra. Meu marido deixava o nosso filho lá por volta das 9h e eu o buscava às 12h30, quando dispensava a moça que ajudava minha sogra. Afinal, eu estava de volta. Ter uma babá nos acomoda. Se existe alguém para fazer, por que vamos nos mexer? Sem ninguém, eu era obrigada a fazer tudo em relação aos cuidados.

É importante dizer que eu tinha uma empregada muito boa que cuidava da casa, mas o principal é que meu marido era presente e dividia comigo todas as tarefas do bebê. Foi ele quem primeiro soube que eu estava grávida, pois tirou o teste da farmácia

da minha mão e se trancou no banheiro para fazer suspense! Foi ele quem comprou a primeira roupinha, cortou o cordão umbilical, deu o primeiro banho na maternidade e os primeiros em casa. Trocava as fraldas, brincava, ia ao mercado e fazia todas as papinhas. Ter um marido (ou companheiro, não importa o status da união) presente é fundamental para a mulher que decide não ter babá nem enfermeira. Não que tê-las em casa signifique que o marido não ajude com o bebê, mas para não tê-las isso é fundamental.

Meu filho passou então dez meses aos cuidados de uma "babá" e da minha sogra no período da manhã. Por que escrevo "babá" entre aspas? Porque essa moça não era responsável pelos cuidados do meu bebê. Lembro-me de um dia em que ela disse: "Dona Roberta, pode mandar o cortador de unha na sacola, assim eu corto a unha do Pedro". De jeito nenhum, pensei. Mas agradeci. Eu queria cortar todas as unhas do meu filho. Ou o meu marido as cortaria. Eu sempre soube que teria apenas um filho e não queria ter aquela sensação relatada por muitas mães de não ter visto o filho crescer. De uma coisa eu tinha certeza: curtiria muito todas as fases do meu filho. Da mais trabalhosa à mais gostosa. Colocaria a mão na massa para poder dizer: não sinto falta de quando meu filho era bebê. E hoje, após sete anos, sinto exatamente isso. É claro que vem uma certa nostalgia ao ver as fotos, ao assistir aos filmes do meu filho ainda bebê, mas uma coisa é certa: eu vi e o senti crescer.

Outra coisa que ajudou foi não ter uma vida social muito intensa, bem como ter 32 anos quando o Pedro nasceu. Foi muito fácil me entregar totalmente à tarefa de mãe e de esposa sem achar que estava deixando a minha vida de lado. Não parei de trabalhar, só diminuí a carga horária na época. Não deixei de passear, apenas estava sempre com o bebê junto e não passeava à noite.

Mas como alguém que nunca teve babá pode se especializar no tema? Fui um bebê que teve uma mãe e um pai cuidadores e presentes. Sou uma madrasta que cuidava dos pequenos desde seus 1 e 4 anos de idade sempre ao lado de meu marido, sem a ajuda de uma babá. Sou mãe e cuidei do meu bebê. Trabalhei como professora por oito anos e presenciei as mais diversas situações que envolvem babás. Cursei Terapia Familiar na Escola Paulista de Medicina (Unifesp) e então pude unir a prática à teoria desse incrível universo familiar que inclui uma, duas ou até mais babás dentro de uma casa. Mas foi com o Curso de Formação de Babás que ministro há quatro anos que descobri os maiores segredos desse complexo e moderno relacionamento entre mãe e babá.

Meu principal objetivo ao publicar este livro é mostrar às mães que, infelizmente, na maioria das vezes elas delegam todos os cuidados da criança à babá. Esta deve ser um apoio, não a pessoa que se torna responsável pela criança. É ótimo ter alguém para ajudar a cuidar da criança, mas o papel da mãe – e do pai – é fundamental em seu desenvolvimento social, psicológico e biológico.

Pensando nisso, selecionei, neste "lado" do livro, dicas e sugestões às mães, com o objetivo de mostrar a elas quem é a babá e o que esperar dela. Do outro "lado" estão dicas e sugestões às babás, que poderão tirar dúvidas e melhorar o relacionamento com a família para quem trabalha. Às vezes, dirijo-me tanto à mãe quanto à babá, pois o assunto é pertinente a ambas. **Nesses casos, o texto estará com outro tipo de fonte.** Espero que esta obra contemple os dois lados, para que passem a dialogar mais sem se sentir constrangidas.

A autora

Introdução

A família hoje e o papel da babá

A RELAÇÃO FAMILIAR NA ATUALIDADE

Nos dias de hoje, é comum encontrarmos pais e mães nas livrarias em busca de livros sobre educação de filhos. O objetivo é conhecer melhor o tão complicado papel de educar. Também encontramos famílias em consultórios de psicologia conversando com profissionais sobre a mesma questão: como educar os filhos.

Geralmente, esses pais desejam se livrar de situações conflitantes que envolvem seus filhos. Em casos mais graves, buscam até livrar-se desses filhos que os desestabilizam, entregando-os a outros familiares ou a instituições.

Certas famílias esperam que a escola resolva os problemas da criança, esquecendo que essa responsabilidade é dos pais e de outros cuidadores. É a família que, por meio de cuidados e atenção, dará o impulso para formar o caráter das crianças e para encaminhá-las nas boas escolhas de vida.

Não podemos transferir a responsabilidade para quem quer que seja. A escola, a babá e os avós podem ser parceiros, mas a responsabilidade de educar, de decidir, de acompanhar os filhos é dos pais. Estes precisam rever valores e princípios que os ajudarão na relação com os filhos no mundo atual. Necessitam conhecer a nova linguagem das crianças, seus novos hábitos e costumes, mas sem deixar de lado os valores em que acreditam. Os pais precisam fazer o que acreditam ser o melhor, mesmo que na casa do vizinho seja tudo diferente.

É bem mais trabalhoso criar filhos na atualidade, em que acontecem tantas mudanças e evoluções. Porém, as famílias múltiplas de hoje têm muito mais a nos ensinar do que as tradicionais famílias patriarcais.

Se por um lado educar ficou mais complicado, o ser humano tem mais opções de escolha.

Então, o que se espera dos pais?

- Que sejam bons modelos para os filhos.
- Que supram suas carências emocionais, físicas e espirituais.
- Que entendam que os filhos são especiais e se conscientizem de que é seu dever ajudá-los a fazer boas escolhas na vida.
- Que deixem as portas da comunicação e do diálogo sempre abertas.
- Que amem seus filhos.
- Que acreditem que fizeram o melhor por seus filhos e não são culpados pelo que não deu tão certo.

E o que se espera dos filhos?

- Que respeitem os pais e sigam seus bons exemplos.

- Que a cada dia adquiram mais responsabilidade e autonomia.
- Que acreditem que seus pais são especiais e os amam muito.
- Que façam boas escolhas na vida.
- Que transmitam confiança aos pais por meio de atitudes éticas.

SE A FAMÍLIA MUDOU TANTO, QUAL É A FUNÇÃO DELA HOJE?

As pessoas que formam a família são as que compõem sua base. A família é um ponto de encontro, um porto seguro, uma instituição que gera afeto entre seus membros. Há confiança e cumplicidade. Todos combinam e cumprem as regras para viver em harmonia. Obviamente, há momentos de crise – que são fundamentais para que todos cresçam emocionalmente –, períodos de desajustes, de tristeza e, mais uma vez, de alegria. As famílias adaptam-se às necessidades da sociedade à qual pertencem naquele momento. Acabam, então, respondendo às mudanças e adaptando-se como podem.

Não acho que estejamos no melhor momento familiar dos últimos anos. Vivemos em uma sociedade completamente consumista, baseada em modismos momentâneos que confundem até os mais cuidadosos pais. Não é fácil driblar frases das crianças como esta: "Por que eu não posso ir se todos os meus amigos podem?" Até um tempo atrás, as famílias compactuavam com as decisões, então todos podiam ou ninguém podia fazer tal coisa. Ainda assim, como terapeuta familiar posso dizer que é a família que desenvolve um sistema de valores, mitos e crenças. Ela protege e dá apoio emocional. É o primeiro grupo social que as crianças conhecem.

Obviamente, a família mudou. O mais comum é a família nuclear, composta por pai, mãe e filhos, mas temos também casais homossexuais que adotam crianças; pais separados; pais separados que se casaram novamente e formaram novas famílias; mães ou pais solteiros; avós que cuidam mais dos netos do que os próprios pais. Em todos esses casos, a babá é sempre uma ajuda bem-vinda, mas ela precisa se adaptar a muitas diferenças. Nada que uma boa conversa não resolva.

ENTÃO, QUAL O PAPEL DA BABÁ NO SISTEMA FAMILIAR?

Defino família como um grupo de pessoas que residem na mesma casa. Nem sempre têm vínculos familiares de sangue, mas vivem juntas. Acordam, dormem, se alimentam, conversam e se encontram nesse mesmo local diariamente. Ou não se encontram, pois a vida corrida pode até levá-los a não se ver todos os dias. Nem sempre fazem as refeições juntos, mas aos domingos podem se reunir e ter um almoço ou jantar familiar. Alguns integrantes dessa família já formaram outras famílias e também se encontram regularmente (são os irmãos, avós, cunhados e até filhos de outros casamentos que moram com a mãe ou com o pai). Olhando desse ângulo, a babá faz parte da família, quer fique na casa apenas por alguns meses, quer permaneça nela por anos.

Porém, o mais correto seria dizer que a babá é uma *profissional*, que executa um trabalho e recebe por ele. Assim, embora ela participe da vida da família e tenha com esta fortes laços afetivos, trata-se de uma pessoa que trabalha em troca de remuneração – e, ao contrário dos outros membros da família, será constantemente avaliada.

QUAL É O PAPEL DO PAI NA FAMÍLIA HOJE EM DIA?

Normalmente ele provê a família financeiramente, mesmo que a mãe também trabalhe. Ele trabalha muito. Sai de manhã e volta só à noite. Existem pais mais presentes, que levam o filho à escola antes de ir ao trabalho, chegam mais cedo em casa, brincam com a criança e fazem algumas refeições junto com ela. Normalmente é o pai que faz questão da babá folguista [babá que cobre folga de outras] para não ter de acordar cedo no final de semana, poder sair à noite ou para não ter de usar todo seu tempo livre para cuidar da criança.

Considero fundamental rever esse posicionamento, que no fundo reflete um enorme egoísmo – muitas vezes compactuado pela mãe. São casais que colocam uma criança no mundo apenas pensando em si. Parem de pensar "em que mundo deixaremos nosso filho" e pensem "que tipo de estrutura familiar legaremos a ele".

O fato é que o pai tem papel fundamental na formação de uma criança. Sua participação é certamente mais importante do que a de outros familiares ou até de um irmão. Conheço vários filhos únicos que não têm traumas por não terem um irmão. Conheço, porém, muitas pessoas que, por motivos diversos, não conviveram com o pai. Essas, sim, carregam traumas imensos e narram com tristeza a falta que essa figura fez ao longo de sua vida.

Portanto, a mãe e a babá precisam validar essa participação e dividir as atividades da criança com o pai que quer ser presente. Ele pode ser o responsável pelo banho, por exemplo.

Por outro lado, há pais que precisam se impor para encontrar seu espaço na família após o nascimento do bebê. É comum que a mãe diga que o pai não sabe trocar a fralda, que quando ele dá a

papinha faz muita sujeira ou que ele não deve entrar no quarto para não despertar o bebê. Agindo assim, afastam o pai o tempo todo da criança. (Então, se ela o vê só na hora de dormir, certamente ficará bem acordada para ter ao menos uma pequena oportunidade de curtir o pai.)

A RELAÇÃO ENTRE MÃE E BABÁ

O trabalho da babá está presente na maioria dos lares brasileiros de classe média e alta. Algumas dormem na casa em que prestam serviços; outras deixam o trabalho à noite. As primeiras são conhecidas, entre as próprias babás, como as que "dormem no serviço"; as segundas, como as que "vão e voltam".

A que volta para casa quando termina o serviço está mais próxima dos trabalhadores comuns. Já dormir no emprego determina não só que os serviços sejam prestados no ambiente da casa, mas que elas morem no mesmo lugar em que trabalham.

Geralmente, as babás que ainda não têm um companheiro ou família de origem, ou seja, laços que as vinculem à sua própria casa, importam-se menos com essa dinâmica, mas as que já se casaram ficam tristes por não ir para casa todos os dias. Elas precisam entender, porém, que esse é um dos requisitos básicos para trabalhar e se dar bem na profissão de babá.

Algumas babás se queixam da falta de confiança que a mãe manifesta em relação a elas. A desconfiança, nesse caso, é a de que a babá faça mal à criança. Assim, quando, por exemplo, a criança volta do parque machucada, algumas mães suspeitam que a babá foi negligente – ou mesmo que maltratou seu filho. Essa desconfiança aparece porque realmente existem babás que maltratam as crianças, mas a profissional que seria incapaz de tal ato fica magoada.

O ideal, então, é que a babá entenda o lado da mãe e esta se desculpe por ter desconfiado dela, e que os laços de confiança passem a se fortalecer mais a cada dia.

A babá que dorme no trabalho precisa se adequar a regras familiares que nem sempre são compatíveis com as de sua família de origem. Hoje escutamos muito que "não se fazem mais empregados como antigamente". Será que é porque nos dias de hoje os benefícios melhoraram e eles têm mais voz ativa? Algumas profissionais, porém, ficaram exigentes demais e pouco gratas aos bons recursos que recebem no trabalho. Só pensam nos direitos e capengam nos deveres. Será que a mãe demonstra gratidão e cuida bem dessa moça que está em sua casa? Eu prefiro sempre me colocar nas duas posições para não ser injusta.

A verdade é que, apesar desses conflitos, uma precisa da outra. Muitas mães não dão um passo sozinhas sem a babá, e esta precisa do emprego. Ela tem a oportunidade de viver, conhecer os hábitos, costumes de uma classe social diferente. Aprende coisas novas, viaja para lugares que possivelmente nunca conheceria. Por outro lado, precisará ter resistência emocional para não se revoltar com as extremas desigualdades sociais existentes em nosso país. Muitas vezes a patroa, que tem vida de princesa, é mais nova do que a babá e jamais passará pelas necessidades que essa profissional passou.

Nesse momento é necessário ter maturidade para entender que a vida é assim: sempre encontraremos quem tem mais e quem tem menos do que nós. O lado bom é que a profissão de babá está em ascensão. Diariamente cruzo com uma mãe à procura de babá e com uma babá buscando um trabalho de folguista para aumentar a sua renda mensal. Uma precisa da outra o tempo todo.

POR QUE TER UMA BABÁ?

Para os pais que trabalham fora e optam por não colocar o filho em uma escola, ter uma babá é fundamental. Alguém precisa ficar em casa e assumir os cuidados com o bebê após a licença--maternidade – que normalmente é de quatro meses, mas atualmente pode chegar a seis. Mesmo que os avós ajudem de alguma maneira, são raros, nas classes média e alta, os casos em que assumem a responsabilidade das crianças, sozinhos. Os avós atuais são ativos. Trabalham, praticam esportes, viajam; não estão disponíveis, como acontecia antigamente. Quando aceitam ajudar, alguns fazem questão de que a babá os acompanhe.

Algumas mães não trabalham fora, mas optam pela babá para ter um tempo livre e não ficar tão presas a horários. Querem ter algum tempo para estudar, cuidar de si mesmas, fazer ginástica, massagem ou almoçar com as amigas, por exemplo. Boa parte dos maridos não ajuda nos cuidados com a criança, e ter esse apoio é saudável inclusive para o casamento.

Uma das frases que mais ouço é: "Meu marido faz questão de que a gente tenha uma folguista para cobrir a folga da nossa babá a cada quinze dias, pois ele quer dormir no final de semana. Ele nunca me ajuda com o bebê". Essa mãe, portanto, teria de levantar cedo e cuidar do bebê sozinha. Com o tempo poderia se cansar de ser a única responsável pela criança, passando a cobrar o marido e gerando discussões desgastantes.

Mesmo depois que a criança cresce, passa a ir à escola e não necessita de tantos cuidados, alguns pais preferem manter a babá a deixar a criança com a empregada. Consideram que é mais instrutivo e produtivo.

ATÉ ONDE VAI O TRABALHO DA BABÁ?

Em momento algum a mãe pode delegar todos os cuidados da criança à babá – do banho ao corte das unhas, da alimentação à lição de casa, da mamadeira noturna à agenda da escola. Essa postura é inadmissível.

O que geralmente acontece é que, quando a mãe está em casa ou chega do trabalho, "atrapalha", pois a criança fica manhosa, deixa de brincar como fazia instantes antes e passa a chorar por tudo, a reclamar de tudo. Por que ela age assim? Todo mundo arrisca uma explicação: a criança quer punir a mãe por ficar ausente, por não brincar com ela, por não ser mãe. A criança testa, sabe que a mãe não vai obrigá-la a comer aquela comida horrível e vai deixá-la ir direto para a sobremesa; afinal, passou o dia fora e ainda vai forçá-la a seguir uma regra? E a mãe sabe que está errada. Que fazer então? Participar quando estiver em casa e, ao retornar, manter as regras que estariam em vigor caso ela não estivesse lá.

Vamos partir do princípio de que isso acontece realmente porque a mãe não segue as mesmas regras que exige da babá quando está com a criança. Então vale a pena tentar ser firme e mostrar ao filho que não é porque ela chegou que ele terá privilégios. Nada mudará por causa disso. Assim, a rotina manter-se-á com ou sem a sua presença. A mãe não deve sair correndo atrás da criança com o prato na mão para finalmente conseguir que ela coma algumas colheradas se todos os dias ela se senta à mesa na hora das refeições.

A mãe não pode se esconder enquanto a babá termina de dar o jantar com êxito. Ela precisa enfrentar a situação em vez de tapar o sol com a peneira. As crianças que comem pouco percebem a angústia da mãe e, para chamar a sua atenção, tornam as refeições um caos. Mães, disfarcem. Façam de conta que vocês não

estão nem aí porque seu filho não comeu nada. Em algum momento ele vai perceber que a manha é infrutífera.

É comum que os pais deleguem a maternidade e a paternidade à babá, que nem sempre sabe como agir diante de certas situações ou toma decisões inadequadas ao contexto familiar (afinal, foram educadas de modo diferente). Certamente a babá tem muitas coisas boas para ensinar à criança, mas não pode ser o principal modelo de educação. Convém lembrar que diversos pais agem de maneira inadequada, ao passo que várias babás têm excelente bom senso. Ainda assim, a tarefa de educar/cuidar deve ser levada a cabo pelos pais.

Em contrapartida, há mulheres que contratam uma babá mas não permitem que ela se aproxime do filho em alguns momentos. Por um lado é bom, pois a mãe cuida da criança, mas por outro cria um ambiente de competição, inadequado para a criança. A babá fica chateada, pois não conquista espaço no trabalho. Nesse caso, é melhor que a mãe opte por ter uma empregada que faça todos os serviços da casa e a ajude com a criança só quando for requisitada, ou que deixe claro para a babá, desde a contratação, que seu trabalho será de *apoio*, não de *cuidados* com a criança. Quando precisar de mais ajuda, ela avisará. Se a mãe se compromete com os cuidados diários, não precisa ter uma babá. Pode ter uma folguista que vá à sua casa quando realmente precisar sair.

A ADAPTAÇÃO ENTRE MÃE E BABÁ E OS PRIMEIROS MESES DE TRABALHO

O que muitas vezes falta para uma rápida adaptação é um diálogo mais profundo sobre a expectativa da mãe quanto ao trabalho da babá e sobre as angústias da babá quanto ao que se espe-

ra dela. Mas essa relação é tão delicada que a mãe sente-se incomodada em ter de alertar e ensinar a babá o tempo todo. Temos de partir do princípio de que, por mais recomendada que a babá tenha sido, a mãe está desconfiada, com medo que a babá machuque seu bebê ou não cuide bem dele. Por isso, a babá deve ser avaliada de perto nesses primeiros dias, até que a mãe perceba que ela dá conta do recado e é bastante carinhosa e cuidadosa.

Porém, nem sempre a babá entende essa possível desconfiança. Por isso, a mãe deve dizer abertamente que não está tão tranquila, afinal ela acaba de começar em sua casa e precisa de uns dias para sentir-se confiante.

Presenciamos tantas barbaridades atualmente que é bom que a mãe expresse esse medo, pois a babá também sabe que coisas horríveis acontecem. A mãe pode ainda pedir à babá que se coloque no lugar dela, contratando uma pessoa estranha para cuidar da criança. A babá que tem filhos consegue entender essas atitudes muito bem.

Por outro lado, certas mães pecam pela falta de cuidado e contratam qualquer pessoa para cuidar da criança. Não se preocupam em verificar se tudo corre bem, delegam todos os cuidados e não conferem se deu tudo certo. Nesses casos, se a babá for agressiva e grosseira, a mãe certamente não notará.

Em resumo, é importante que mãe e babá tenham um diálogo aberto e sincero em todas as ocasiões que surgirem dúvidas ou conflitos. Afinal, ambas têm um objetivo comum: o bem-estar da criança.

Assim que chegar à casa da família, é importante que a babá seja acolhida e bem recebida. Os pais devem respeitá-la e exigir o mesmo das crianças. Embora a babá fique bem próxima da mãe no dia a dia, é recomendável manter certa distância para que ela não passe a ser somente amiga da mãe e deixe de desempenhar

suas tarefas de maneira apropriada. Muitas mães dizem ter se arrependido por ter dado muita liberdade às babás; é bom que haja tal liberdade, mas a babá pode ficar confusa e se tornar íntima da família a ponto de se tornar inconveniente. É importante que a mãe tenha o controle de todas as situações e saiba impor os limites. Quando isso acontece, a babá fica atenta e, apesar de estar feliz nessa casa tão acolhedora, lembra sempre que ali é o seu local de trabalho.

COMO A CHEGADA DA BABÁ MUDA A DINÂMICA FAMILIAR?

Ao compreendermos que vivemos em um sistema, não há como negarmos a existência de uma rede de pessoas envolvidas em um mesmo problema. Se passarmos por uma situação difícil, aqueles que estão próximos de nós certamente serão influenciados de alguma maneira. Não adianta querer ajudar apenas a pessoa que tem o problema, pois ela pode estar doente por viver naquele meio que está em crise.

Nem todas as famílias conseguem estruturar um modelo e uma dinâmica convenientes para o desenvolvimento de todos os personagens envolvidos. Conviver com babás me deu a oportunidade de ver o outro lado enredado nos conflitos familiares. As queixas foram trazidas tanto pelas mães quanto pelas babás. Quando a mãe está aflita porque a babá não age como ela espera ou quando a babá percebe que a mãe está insegura, pode haver uma desestruturação. A criança fica mais manhosa, muda de comportamento. A avó fica nervosa, o pai quer ajudar e não sabe o que fazer, a cozinheira erra no sal sem querer... Enfim, a angús-

tia de um familiar invade todo o sistema. É preciso levar em conta que o bem-estar de uma família depende de sua capacidade de se adaptar às novidades que surgem no dia a dia.

Quando a babá, que tem hábitos, mitos, crenças e regras diferentes, passa a conviver com a família, pode haver alguns desentendimentos. O processo de adaptação é lento e difícil para ambos os lados.

Às vezes, a chegada da babá promove mudanças boas, como o fato de a criança passar a dormir melhor à noite, mas também pode provocar desequilíbrios. No entanto, eles costumam ser momentâneos.

Colocar-se no lugar do outro e entendê-lo nem sempre é fácil, mas normalmente a vida segue de maneira mais harmoniosa quando os integrantes do sistema formam uma parceria – muitas vezes com altos e baixos, mas se houver diálogo haverá mais troca e mais vontade de melhorar o sistema.

Quem normalmente cede é a babá, que acaba aceitando a dinâmica da família. Isso não a impede, porém, de contribuir com uma nova ideia que seja aceita por todos. Por isso é importante que haja diálogo e todos exponham seu pensamento com educação. Sem brigar nem criticar uns aos outros.

Mais uma palavrinha sobre mudança e adaptação: os pais devem ficar atentos a qualquer transformação que ocorra na dinâmica familiar, como a morte de um parente próximo, a perda de emprego de um dos cônjuges ou uma crise no casamento. Todos esses fatores desestabilizam a família emocionalmente e podem gerar discussões e atos impensados. Porém, o principal é que os pais imponham limites à criança, pois é nessa seara que a babá mais vai atuar. Uma criança que "pode tudo", a quem os pais nunca dizem "não", acaba tornando o clima na casa infernal.

COMO FICAM AS ANGÚSTIAS E INSEGURANÇAS DA BABÁ AO CHEGAR À NOVA CASA?

Normalmente, elas têm dificuldade de saber se estão agindo de maneira adequada, se é aquilo que esperam dela. Portanto, é importante que a mãe dê várias pistas: como deve arrumar os armários, de que forma preparar o lanche da escola, se a criança pode participar da arrumação do quarto. É importante que a babá saiba expor uma dúvida, uma chateação, uma necessidade, para que não se torne uma pessoa tensa, com medo. E para isso é necessário saber falar. Desde contar sobre o machucado na perna da criança até fazer algum pedido. Uma sugestão é ensaiar na frente do espelho e observar se sai de maneira gentil. Se alguém falasse assim com ela, ela acharia legal? Muitas vezes elas têm razão no que vão dizer, mas a forma inadequada de falar acaba com a razão na hora! Viver em grupo é um dos maiores desafios da vida; então, quanto mais a babá souber como falar, conversar, melhor para ela.

No cotidiano, sempre aparecem dificuldades com as quais a babá tem de saber lidar. Ela tem uma ideia de como resolver, mas precisa dar a dica à mãe e ter a permissão desta para agir. Algumas mães permitem, outras não. É comum que o pediatra dê a mesma dica e a mãe aceite. Isso chateia a babá, mas é comum e até natural a mãe confiar mais no médico do que na babá. Com o tempo, a mãe poderá perceber que o pediatra aponta o que a babá percebeu anteriormente e há chances de validá-la com mais tranquilidade.

1

Como encontrar uma boa babá

ONDE ENCONTRAR UMA PROFISSIONAL?

A melhor opção é o boca a boca. Uma babá que saiu com boas referências da casa de uma amiga ou de um familiar é a melhor escolha. Porém, se nenhum amigo, familiar ou outros funcionários da sua casa tiverem alguém para indicar, procure uma agência de confiança. Mesmo que essa agência garanta a procedência da candidata, ligue para a última residência onde ela trabalhou para ter uma referência mais direta. Pesquise a agência no site do Procon do seu estado; também não custa verificar, por meio do RG da babá, se ela tem antecedentes criminais. Caso ela tenha nascido em São Paulo, na Bahia ou no Espírito Santo, essa consulta pode ser feita on-line por meio dos sites <www2.ssp.sp.gov.br/atestado/>, <www.ba.gov.br/antecedentes/> e <www.es.gov.br/site/cidadaos/docs_atestado_antecedentes.aspx>. Caso ela provenha de outro estado, é necessário entrar em contato com a Secretaria de Segurança Pública específica.

QUANTAS BABÁS DEVO ENTREVISTAR?

Acho confuso ter muitas opções. Uma amiga me mostrou uma lista enorme de candidatas e não sabia qual escolher. Estava angustiadíssima, pois uma que tinha dispensado já estava empregada na casa de uma prima que não se cansava de elogiar aquela profissional tão maravilhosa. "Como deixei passar? Por que não vi que seria boa?", ela se lamentava. Além da insegurança, essa amiga tinha uma lista gigantesca de candidatas. Meu conselho é: tenha três para entrevistar e escolha uma. Se todas forem muito ruins, escolha mais três.

O QUE DEVO PERGUNTAR DURANTE A ENTREVISTA?

Não improvise: antes de a babá chegar, tenha uma lista do que você gostaria de saber. Claro que você não deve ficar segurando a lista; decore todos os itens e procure ter uma conversa descontraída. Nessa conversa, explique como funciona a rotina da sua família, pois ela tem o direito de não querer trabalhar na sua casa. Também recomendo que, antes da entrevista, você fique a par da legislação trabalhista no que se refere aos empregados domésticos (veja p. 71), para saber quais são seus direitos e deveres como empregadora. Preocupe-se em entender tudo sobre o registro em carteira e outros detalhes, mesmo que não seja a responsável por essa tarefa.

Veja a seguir o que normalmente as mães querem saber sobre a babá na primeira entrevista e, em itálico, alguns comentários baseados em minha experiência:

- Ela já fez algum curso para babás ou gostaria de fazer?
- Está claro que ela deve seguir as regras, as rotinas e os limites da sua casa? *Dê inclusive um exemplo: "Nossa filha de 2 anos não pode tomar refrigerante. Poderei contar com a sua ajuda nas festinhas de aniversário quando eu não estiver presente?"*
- Qual é a escolaridade da babá? *Muitas não completaram o ensino fundamental. As que o fizeram sonham em terminar o ensino médio. A maioria quer voltar a estudar e espera ter essa oportunidade um dia.*
- Em que outras casas trabalhou, qual era a idade das crianças e por que saiu desses empregos?
- Por que escolheu essa profissão? *Em alguns casos não foi escolha, simplesmente aconteceu.*
- Gosta de crianças? *Pergunta estranha... A babá vai dizer que não gosta?*
- Onde mora e com quem? *É importante saber onde ela mora e, após contratá-la, ter seu endereço e telefone para qualquer eventualidade. Saiba também o parentesco e o nome de quem mora com ela. Tente verificar esses dados ligando para a casa em que a babá mora ou o local onde ela passa os dias de folga, mas cuidado para não ser indelicada.*

Após fazer esse questionário, você pode perguntar a pretensão salarial da babá ou oferecer um valor que considere justo. Já explique que ela será registrada e, se for o caso, informe-a de que receberá algum outro benefício extra como plano de saúde ou cesta básica, por exemplo.

Depois, comente sobre as folgas. O mais comum é que a babá folgue a cada quinze dias, mas cada família estipula os descansos de maneira particular.

Em seguida, liste tudo que espera que ela faça, por exemplo se vai apenas cuidar da criança ou se quando esta estiver na escola ela ajudará a empregada/faxineira. Avise antes; assim, você não pega a babá de surpresa e ela já saberá de antemão o que esperam dela.

Fale também sobre o horário de trabalho e quando ela poderá se retirar para tomar banho, jantar, descansar e dormir. Caso necessite de sua companhia em viagens, deixe isso bem claro. Explique se ela terá folga nos feriados ou como isso ficará acertado.

O QUE DEVO OBSERVAR?

Algumas coisas costumam incomodar as mães durante a entrevista, como dificuldade de se expressar com clareza, o fato de a babá falar muito alto ou questões de higiene (mau hálito, cheiro de suor ou desleixo com os cabelos e as unhas).

Se achar que um desses itens seria motivo para não contratá-la, levante abertamente a questão: "Tudo bem se eu pedir que você trabalhe sempre com o cabelo preso e não use esmalte colorido?" Para o mau hálito e o cheiro de suor você pode fornecer delicadamente um antisséptico bucal e um desodorante mais eficaz. Você pode pedir que ela fale um pouco mais baixo, desde que seja sempre delicada ao expor uma questão de comportamento. Enfim, esteja atenta para não dispensar a profissional por causa de problemas que podem ser resolvidos com uma boa conversa.

APÓS CONTRATÁ-LA, O QUE DEVO FAZER?

- Explique a ela toda a rotina e os horários da(s) criança(s). O ideal é entregar uma lista por escrito.

- Mostre o quarto e onde está tudo de que ela vai precisar para cuidar da(s) criança(s).
- Esclareça se você quer que ela use uniforme ou não. Se quiser, forneça-lhe pelo menos três pares ou roupas brancas. Se não quiser (alguns pais temem que a babá uniformizada indique a classe social da criança, o que aumentaria o risco de sequestros), compre as roupas que julgar adequadas a ela.
- Fale sobre quem faz o quê na casa (caso haja outros funcionários).
- Apresente a babá aos outros funcionários da casa (caso haja) e aos seguranças/porteiros do seu prédio ou condomínio.
- Apresente os familiares e amigos sempre que chegarem à sua casa pela primeira vez desde que a contratou.
- Mostre-lhe o local onde vai dormir e guardar seus pertences, bem como o cômodo onde ela fará a higiene.
- Fale sobre os horários de refeição dela e sobre os alimentos da casa. Por exemplo, é bom explicar que o leite em pó é para a(s) criança(s) e o leite longa vida é para os adultos. Deixe bem claro que ela não pode consumir bebidas alcoólicas dentro da sua casa.
- Combine que sempre conversarão imediatamente caso fiquem chateadas com alguma coisa, que não vão guardar rancores e serão sinceras uma com a outra.
- Peça a ela que nunca conte assuntos particulares da casa a amigas do prédio/condomínio/parque e seja discreta com esses assuntos também fora de casa.
- Preocupe-se em saber se a babá teve tempo de se alimentar antes de sair de casa ou continuar uma atividade.
- Procure saber se ela tem alguma necessidade pessoal quando levá-la para viajar com a família (se precisa de um casaco mais quente, por exemplo).

Mais algumas dicas:

- Certas mães oferecem ou compram remédios quando a babá fica doente, para evitar que ela tenha esse gasto.
- Elas gostam de ganhar presentes e ser lembradas pela mãe, então é bacana trazer um chocolate para ela do supermercado, por exemplo.

QUANTO, AFINAL, DEVO PAGAR?

Em todas as profissões encontramos pessoas insatisfeitas com o salário que recebem, mas a profissão de babá compete para bater o recorde de insatisfação. É incrível como elas comparam o salário entre si, falando desse assunto na maior parte do tempo. São capazes de deixar uma casa boa para se arriscar em uma casa desconhecida onde terão um salário um pouco maior. Depois da troca, muitas descobrem que dinheiro não é tudo – e, após várias experiências dolorosas, passam a arriscar-se a pedir aumento na casa onde estão ou aceitam o que foi combinado. (O problema é que, às vezes, elas não escolhem o melhor momento ou a maneira mais adequada de pedir aumento.)

Para saber se o salário está adequado, consulte a tabela em cadernos especiais de jornais e revistas e converse com as amigas idôneas. A mãe valoriza a babá. A babá valoriza os benefícios que recebe nessa casa. Se a mãe pagar mais, sorte da babá que trabalha em sua casa. Algumas mães se chateiam, pois mesmo não pagando um salário tão alto sempre presenteiam a babá, levam-na em boas viagens, arcam com seu plano de saúde ou pagam a creche de seu filho... e ainda assim a babá não está satisfeita.

Portanto, antes de tomar a iniciativa de dar esses extras, pergunte o que a profissional prefere. Pode ser que ela prefira, em vez

de ganhar uma viagem ou um presente, ter um aumento salarial. Em outros casos, o plano de saúde é desnecessário, pois há uma unidade de saúde próximo da casa dela. Veja o que é vantajoso aos olhos da babá, não aos seus. Isso evita que a mãe sinta que a babá é ingrata.

Por outro lado, a babá precisa estar consciente de que nem tudo que ouve das outras babás é verdade. Se outra disser que ganha uma fortuna, é provável que ela esteja mentindo. Talvez ela tenha um salário maior, mas porque trabalha na mesma casa há muito tempo ou simplesmente porque deu sorte.

DEVO INVESTIR EM UM CURSO PARA BABÁS?

Fui professora de crianças de 2 anos por oito anos. Nesse período, convivi com todas as angústias e expectativas das mães em relação à necessidade de ter uma babá adequada à família. Algumas mães trabalhavam fora de casa, outras não. Acompanhei processos inteiros da chegada da babá – desde a contratação, adaptação, convivência com a criança em casa, na escola, nas festas de aniversário e na casa dos avós, entre outras situações do cotidiano. Durante esse período, percebi que muitas vezes o que faltava para uma rápida adaptação e permanência da babá na família era um diálogo mais profundo sobre a expectativa da mãe quanto ao trabalho da babá e sobre as angústias da babá quanto ao que esperavam de seu trabalho.

Essa relação é tão delicada que a mãe sente-se incomodada de ter de alertar e/ou ensinar a babá o tempo todo. Foi por isso que desenvolvi um curso de Formação e Orientação de Babás, que tem o objetivo de abordar todas as questões sobre o comportamento adequado da babá durante o trabalho e dar-lhe sugestões de brin-

cadeiras e dicas rápidas para amenizar situações-problema, como uma birra da criança, por exemplo. Eu digo à babá o que a maioria das mães espera de seu trabalho.

O curso foi recebido com entusiasmo pelas mães, que viram essa difícil tarefa de dizer coisas delicadas sendo delegada a uma pessoa de fora da família. As babás o receberam como um presente que veio para ajudá-las no dia a dia. Ao incentivar a babá a conversar com a mãe, gerei mais diálogo entre elas. Além de ensiná-las, dar espaço para trazer suas angústias, mediei conversas entre elas e as mães mesmo sem estar presente.

Durante as aulas, as babás aprendem coisas novas e podem conversar, trocar ideias sobre a profissão com outras colegas. Funciona como uma terapia em grupo, em que todas exercem a mesma profissão.

Para ajudá-las, levantamos juntas questões cotidianas do relacionamento babá/família e o melhoramos com a descoberta de alternativas de comportamento para as babás e para as mães. A babá entende que nem tudo que gostaríamos que funcionasse em uma família se aplica no local onde trabalham, mas passa a respeitar as regras da mãe com mais facilidade.

Outro ideal de trabalho seria trazer para a sala mães e babás ao mesmo tempo, mas isso inibiria a ambas. Ao lidar com os grupos separadamente, pude colher dados claros, expressos com sinceridade e espontaneidade. Além de ajudar a mãe, esse trabalho permitiu conhecer melhor a babá – e pude ir além, pois durante as sessões elas foram cuidadas, escutadas, atendidas em suas necessidades.

Além de todas as dicas para melhorar o dia a dia delas no trabalho, detectei TPM em uma das alunas e a orientei a procurar um médico. Todas as babás receberam indicação de um curso de primeiros socorros.

Consegui acalmar babás que queriam ir embora da casa antes de tentar conversar com a mãe, e também orientei mães a não se

precipitar e dispensar uma babá boa após uma situação leve de conflito. Os relatos das mães e das babás sobre as melhorias após o curso de formação foram fundamentais para eu acreditar que estava criando um ambiente melhor para essas famílias.

Por tudo isso, recomendo, sim, que você invista num curso para a sua babá.

Alguns depoimentos provenientes do curso para babás

Das mães	Das babás
"Quando cheguei em casa, a agenda estava aberta para que eu lesse os recados da escola e durante o dia ela me ligou para avisar que o remédio do nariz estava terminando. Ela nunca havia feito isso antes."	"Outro dia, vi uma babá chacoalhando o bebê e contei que aprendi no curso que aquilo não era bom. Mas a mal-educada respondeu que ela era babá havia dez anos e sabia o que fazer."
"Entrei no quarto de brinquedos e, ao ver aquela mudança, toda a organização, pensei: que maravilha!"	"Se eu sorrio pra avó, ela fica mais legal comigo. Isso eu aprendi aqui no curso."
"Passamos a conversar com mais facilidade. Agora eu sempre pergunto o que ela aprendeu e discutimos como adaptar esse novo conhecimento em nossa casa."	"Falei que não era bom forçar a criança a comer, mas a mãe quer que dê e eu expliquei que aqui aprendi que tenho de seguir a regra dela e mais nada."
"Agora o uniforme da escola está sempre pronto no dia anterior."	"Eu me sinto mais segura. Mudei muito meu comportamento – e pra melhor!"
"Ela me pediu para comprar caixas plásticas para guardar os brinquedos. Separou e etiquetou todas!"	"A minha vida ficou mais fácil."
"Agora sinto muito mais confiança de deixar meu bebê com a babá."	"A hora do banho ficou mais fácil agora que levo uns brinquedos pra banheira."

2

As principais dúvidas da mãe em relação às babás

Antes de iniciar este capítulo, gostaria de ressaltar que a maior preocupação da mãe deve ser com o filho, e não com a babá. Explicando melhor: algumas famílias se preocupam que a babá fale o português correto e também não use gírias regionais. Claro que é importante que os pais observem esse item, mas a criança terá vários modelos durante a infância e muitos estarão atentos para corrigir o que for necessário. Esse definitivamente não é o maior dos problemas. Eu me preocupo com a ausência da mãe que não forma um vínculo com a criança, pois não é a responsável pelos seus cuidados. Não dá banho, não limpa o ouvido, não troca as roupas, não se levanta de madrugada para acalmar a criança – afinal, a babá está ali, dorme ao lado do berço, da cama.

Feita essa ressalva, vamos às principais preocupações das mães em relação às babás.

DE ONDE VEM A MAIORIA DAS BABÁS?

Normalmente de outros estados ou de cidades pequenas. Mudaram de cidade porque outros familiares já estão instalados aqui ou para tentar uma vida melhor.

FORAM À ESCOLA?

É comum que a babá não tenha completado o ensino fundamental. A maioria gostaria de voltar a estudar, mas a profissão de babá ocupa todo seu tempo, o que dificulta a realização desse sonho. É complicado para a família oferecer um período para que a babá termine seus estudos, mas vale a pena pensar nessa possibilidade.

SÃO CASADAS?

Normalmente não, e namorar não é fácil, pois estão sempre trabalhando. Algumas namoram, se casam e continuam na profissão. Durante um dos cursos que ministrei, encontrei uma babá grávida. Achei a mãe muito bacana, pois nem sabia se a profissional voltaria para a sua casa e mesmo assim fez o investimento. Ela voltou. Não poderia mais dormir com as crianças, mas foi ótimo tê-la de volta, relatou a mãe.

TÊM FILHOS?

Trabalhar grávida na profissão de babá não é uma tarefa das mais fáceis, afinal não são todas as mulheres que passam bem du-

rante os nove meses de gravidez. Por isso, a gravidez normalmente é um pesadelo para as mães que, se não perderem a babá logo de cara, acabarão perdendo aos poucos. O ideal é já ir treinando uma substituta, pois, se no meio da gravidez não for mais possível contar com ela, a mãe não fica na mão. Pode ser que a babá volte ao trabalho após a licença-maternidade.

FIZERAM UM CURSO ESPECÍFICO?

Se não fizeram, gostariam de fazer. Embora algumas achem que sabem tudo e vejam os cursos como algo desnecessário, geralmente ficam surpresas com os novos conhecimentos e com a troca de experiências que vivenciam. E sentem-se mais importantes quando têm vários certificados que comprovam seus conhecimentos.

TER OU NÃO TER UMA BABÁ?

O problema não é exatamente ter uma babá, e sim delegar todos os cuidados da criança a ela. Levá-la junto sempre que sai com a criança e contratar uma folguista fixa para todos os dias de folga dela, por exemplo, pode prejudicar os vínculos entre pais e filhos. A criança espera que a mãe e o pai cuidem dela.

NÃO TER UMA BABÁ? COMO VOU CUIDAR DE UM BEBÊ SOZINHA SE ACABEI DE VOLTAR DA MATERNIDADE?

Voltar para casa depois de um parto normal em geral não traz complicações. A recuperação de uma cesariana é bem mais rápida

nos dias de hoje. A mulher não passa mais os dias corcunda ou deitada em uma cama. Cuidar do bebê ajuda ainda mais, pois são tantas as funções que não dá muito tempo para lembrar que se acabou de ter o bebê. É fundamental cuidar dos bebês nos primeiros dias, a fim de formar e fortalecer um vínculo de amor e afeto. O toque, a voz, o aconchego transmitem segurança para aquele ser pequenino arremessado de sopetão neste mundo barulhento e sujo. A enfermeira e a babá também são capazes de exercer essa função, mas a mãe precisa mesmo delegar esses cuidados a outra pessoa ou acaba fazendo isso porque nos dias de hoje ter uma babá se tornou um hábito?

Para ter tempo de se recuperar do parto e cuidar do bebê existe a licença-maternidade. As mulheres brasileiras são inclusive privilegiadas, pois no Brasil são quatro ou seis meses, dependendo do caso, ao passo que em outros países esse prazo é menor – e, na maioria deles, não existem babás.

Se a mãe não quer mesmo cuidar do bebê, uma dica é realizar algumas tarefas de cuidado que fossem só dela: cortar as unhas, limpar os ouvidos, ler um livro antes de dormir ou ajudar com a lição de casa. É uma maneira de se obrigar a participar, e não achar que é normal delegar tudo à babá.

BABÁ OU BERÇÁRIO?

Algumas mães optam pelo berçário porque preferem que o bebê fique com profissionais mais preparados para os cuidados e as brincadeiras educativas. A alimentação em boas escolas é meticulosamente acompanhada por uma nutricionista e a mãe pode se sentir mais segura por saber que há mais de uma profissional olhando a criança, o que lhe dá mais confiança do que deixar o bebê sozinho com a babá.

OS PRÓS E CONTRAS DE DEIXAR SEU FILHO COM UMA BABÁ

- Prós: algumas mães temem deixar o recém-nascido no berçário. Por isso, ter a babá em casa ajudando-a a cuidar dele lhe trará a certeza de que seu filho tem tudo de que precisa. Outro benefício é a liberdade que a presença da babá proporciona ao casal. Apesar da rotina maluca dos pais que saem cedo de casa, o bebê fica calmo em seu canto, dorme em seu berço, brinca com os seus brinquedos. Ao ter contato com outros bebês no berçário, pode pegar viroses, gripes, resfriados. O que os pais farão nos dias em que a criança adoecer e não puder ir para o berçário? Além de cuidar da criança, a babá trata de toda a dinâmica, que inclui: arrumar a mochila da natação, organizar os brinquedos, preparar o banho, a mamadeira e a papinha e organizar o armário de roupas. Sair de casa sozinha, sem a ajuda de uma babá, também é mais complicado.
- Contras: casos de violência contra crianças praticada por babás sempre são notícia na TV. Isso desperta o interesse dos pais na formação profissional e sociocultural das profissionais que cuidam dos seus filhos. Uma profissional ruim pode até atrapalhar o desenvolvimento físico e psicológico da criança. O problema mais comum é que a babá não tenha paciência com as birras, os choros e os pequenos problemas das crianças. Por isso, é necessário observar como ela lida com tudo isso nas situações-problema. Não conhecer as necessidades da criança em cada fase também pode ser prejudicial. A criança precisa ser estimulada de maneira diferente em cada estágio de crescimento. Além disso, muitas mães se chateiam porque nunca ficam sozinhas. A babá está sempre por perto, sem contar outros possíveis funcionários. Às vezes, ocorrem

discussões entre eles, pois acham que a babá é privilegiada... Enfim, tudo muito cansativo.

E AS ENFERMEIRAS?

São profissionais normalmente mais bem preparadas para cuidar do recém-nascido desde os primeiros dias e deixam a mãe tranquila (até demais). Fizeram cursos profissionalizantes (em cuidados com gêmeos, trigêmeos e até prematuros) e geralmente são mais maduras.

Porém, podem ser o pesadelo de qualquer babá. Costumam desfazer delas e se consideram mais importantes por serem mais especializadas – o que pode ser uma lenda, pois há babás tão competentes quanto uma enfermeira.

Há famílias que contratam uma enfermeira para cuidar do bebê do primeiro dia em casa até o terceiro, quarto ou sexto mês. O serviço delas é mais caro do que os de uma babá, portanto ficar com elas por muito tempo pode trazer prejuízo financeiro. Mas em geral a família vê o custo-benefício rapidamente. Findo o período da enfermeira, contratam uma babá, que assume as tarefas agora menos delicadas do que as que um recém-nascido exige.

Ao mesmo tempo que a enfermeira dá segurança à mãe, ela acaba ocupando também todo o espaço na função de cuidar – normalmente mais do que ocuparia a babá. Existem enfermeiras que inclusive desfazem da capacidade da mãe, que acaba se sentindo inútil e se afasta do bebê. O encontro entre a mãe e o bebê acontece apenas no momento da amamentação – isso se a mãe não tirar o leite materno com uma bombinha para não acordar de madrugada ou optar pela mamadeira.

Precisamos lembrar, porém, que uma mulher só se torna mãe ao ter um filho. Só a partir desse momento ela vai colocar a mão na massa e adquirir experiência. Quanto mais ela demorar para cuidar do bebê, mais dificuldade terá de aprender o "ofício" e de formar um vínculo de amor. Cuidar do próprio bebê é diferente de ter cuidado dos sobrinhos ou irmãos. Dessa vez a responsabilidade é da mãe, e tal responsabilidade é para sempre.

Ter uma enfermeira por muito tempo pode ser inadequado, pois essa profissional tende a realizar todos os cuidados, inclusive fazer tudo pela criança, que demora mais para se tornar independente. A superproteção (não pode se machucar, não pode tomar vento, não pode experimentar novos alimentos) acaba contribuindo até para atrasos no desenvolvimento.

Atenção:

- Não permita que a enfermeira a impeça de dar banho no bebê enquanto o umbigo não cair. Toda mãe é capaz de lavar o bebê sem arrancar seu umbigo.
- Não durma apenas com o sutiã de amamentar e de barriga para cima, para que a enfermeira solte o fecho do sutiã e "plugue" o bebê no seu seio na hora de amamentar. Ao menos nesse momento, seja madrugada ou não, ofereça carinho ao bebê.
- Tire o bebê de dentro do quarto e passeie com ele pela casa toda mesmo que ele ainda seja um recém-nascido.
- Não deixe o bebê chorando no berço, pois se ele está alimentado e seco não há motivo para chorar. A criança deve sempre ser acolhida. Em um primeiro momento não há necessidade de tirá-la do berço. Muitos bebês param de chorar ao escutar a voz conhecida do cuidador; outros necessitam de um toque ou carinho. Se mesmo assim o choro continuar, o mais

adequado é pegar o bebê no colo e avaliar o que o está incomodando.

TIVE O SEGUNDO BEBÊ. DEVO CONTRATAR UMA ENFERMEIRA OU UMA BABÁ PARA CUIDAR DELE?

Geralmente os pais optam por manter a babá do primeiro filho e contratar uma enfermeira para cuidar do recém-nascido. É fato que ela se sente superior à babá e pode querer deixar isso claro muitas vezes. O ideal é que fique estipulado o papel de cada uma e a babá evite contato caso perceba a resistência. Logo a enfermeira vai embora e não vale a pena arrumar encrenca.

Não custa lembrar que, em alguns casos, a Justiça do Trabalho reconhece a enfermeira como empregada doméstica, desde que ela exerça suas atividades profissionais com uma única pessoa, em residência. A família deve ficar atenta a isso e pesar os prós e contras de registrá-la (veja mais informações no Capítulo 3).

QUANDO A ENFERMEIRA FOR EMBORA, É NECESSÁRIO CONTRATAR MAIS UMA BABÁ, PARA QUE CADA CRIANÇA TENHA UMA?

Essa decisão cabe aos pais. Eles podem fazer um teste e ver se a babá dá conta de cuidar dos dois, principalmente se a mãe não trabalha e está disposta a ajudar. Se o filho mais velho já vai para a escola, o trabalho é menor em um dos períodos. Se não der certo, contratem uma nova babá. Algumas mães preferem não tirar a babá do irmão mais velho, pois ele já está apegado a ela e pode ficar com ciúme do irmão. O que for decidido pelos pais deve ser comunicado à babá.

Geralmente as babás esperam receber um aumento quando passam a cuidar de mais uma criança, então combinem isso desde o início da segunda gravidez. Muitas vezes, a mãe comenta por alto que acertarão esse detalhe quando o bebê nascer e nunca mais toca no assunto. A babá fica lá angustiada, constrangida, insatisfeita, aguardando que a mãe resolva o caso. Portanto, a mãe tem de ficar atenta ao que foi combinado.

Nas classes mais altas, é comum encontrarmos famílias que têm uma babá para cada criança (sejam duas, três ou quatro), principalmente porque a diferença de idade entre elas, por menor que seja, demanda horários de atividades distintos. Não dá para a babá ficar em casa com o bebê e levar o irmão mais velho à natação ao mesmo tempo. Ter uma babá para cada criança, porém, deve ser temporário, pois pode causar dependência e acomodação das crianças, que são sempre atendidas na hora e, portanto, não realizam tarefas sozinhas.

Assim que os pais perceberem que não há mais necessidade de tantas babás, devem ficar com apenas uma. Os amigos próximos vão adorar receber babás de confiança.

COMO FOI O PASSADO DA BABÁ?

É difícil fazer generalizações, mas boa parte delas traz medos que adquiriram no passado. Foram maltratadas de alguma maneira na infância. Ou passaram fome, vivenciaram vontades não realizadas. Há relatos de abuso sexual, de maus-tratos físicos e infância interrompida. Muitas não puderam brincar. Em um grande número de casos, os familiares as aterrorizavam com histórias e ameaças. Lembrar da infância delas, e até da nossa, facilita na hora de explicar por que elas não devem colocar medo nas crianças. Várias me confessam que até hoje dormem com a cabeça

coberta porque eram ameaçadas. Se não dormissem logo, alguém entraria ali e as levaria embora. Alguma coisa pode ser mais cruel do que isso? Assustar uma criança na hora de dormir? Ah, o pé também precisava ficar coberto, pois algum familiar falecido viria puxar o pé delas à noite caso não dormissem bem rápido.

COMO COSTUMA, ENTÃO, SER O FUNCIONAMENTO PSÍQUICO DAS BABÁS?

É comum que a babá tenha baixa autoestima. Geralmente ela não acredita que será capaz de alcançar um futuro promissor nem que é valorizada pela família. Algumas se sentem excluídas da sociedade, enquanto outras profissionais da casa (empregada, faxineira, motorista etc.) acham que a babá é privilegiada, pois sai a toda hora para passear com a família, vai a restaurantes, está sempre de papo com a mãe e até mesmo acompanha a criança em viagens internacionais.

É importante que a mãe, depois de adquirir um pouco de intimidade com a babá, converse com ela sobre como foi sua infância, pergunte sobre sua família, sobre seus costumes. Talvez isso a ajude a superar um passado difícil e valorizar o presente, que está bem melhor. A babá reconhece pequenos agrados que a mãe faz? Reconhece, mas nem sempre demonstra. Ela fica feliz quando recebe um aumento, mas nem sempre expressa sua gratidão. Não porque não gostou; pode estar apenas envergonhada ou não saber como agir. Mundos distintos, linguagens diferentes permeiam a convivência entre a mãe e a babá.

Aliás, as babás são bastante sensíveis, choram facilmente. Os pais precisam pensar muito antes de fazer uma brincadeira, de dizer algo que possa chateá-la. **É importante que a babá se fortaleça, entenda que nem tudo na vida precisa ser levado tão a sério.**

COMO SABER SE A BABÁ AGRIDE O BEBÊ?

A criança dá os sinais. Os pais devem observar possíveis mudanças de comportamento. Se o bebê estiver muito quieto, pode estar aterrorizado. Se estiver agitado demais ou sonolento, pode ser efeito de alguma medicação. Se chora repetidamente e por motivos inexplicáveis, algo pode estar errado.

É preciso também ficar atento a queixas de dor, desconfiar de quedas e lesões frequentes, verificar manchas roxas, arranhões e, ainda, dificuldades de mover os braços e as pernas. Tão grave quanto as agressões físicas, os maus-tratos psicológicos constituem uma enorme violência e são difíceis de ser identificados. Ou a negligência: não dar remédio na hora certa, deixar o bebê sentir frio ou calor, não oferecer comida.

Porém, se a criança aparecer com uma marca roxa, não significa necessariamente que alguém a machucou. Por isso verifique o que ocorreu antes de acusar alguém que pode ser inocente. Em caso de confirmação de maus-tratos, a família deve denunciar a babá à polícia, para que ela não trabalhe em outra casa nem volte a fazer isso.

Não custa lembrar que também existem mães que agridem os filhos, inclusive nas classes mais altas. Nesses casos, a babá também deve denunciar pais que maltratam os filhos, desde que tenha provas.

O fato é que, para as crianças, as consequências variam de incapacidade física, dependendo da lesão, a marcas psicológicas profundas, que podem seguir pela vida adulta, gerando distúrbios de comportamento como timidez, agressividade, insegurança e baixa autoestima. Fique atenta para ver se alguém coloca medo na criança para resolver as questões de conflito: "Dorme, senão o monstro do lago vem te pegar!" A criança precisa saber que é hora de dormir, pois essa é uma regra. Temos hora para brincar, comer, e agora chegou a hora de dormir.

Fiquemos atentos, também, ao preconceito. Da mesma maneira que se supõe que toda madrasta é má e o mordomo é sempre o assassino, existe o mito da babá que maltrata crianças. Mesmo que a babá esteja brava com a criança ou sem paciência – seja em decorrência de uma gripe ou do fato de a criança ter falado com ela de maneira grosseira –, não significa que ela possa maltratar a criança. Tome cuidado, então, para não acusar ou exagerar na bronca.

Não deixe de dizer se algo incomodá-la. É comum que a mãe guarde uma irritação aqui, uma coisa que não gostou ali, e, quando a babá faz algo errado, a mãe descarrega irritações de um mês inteiro, perdendo a noção na hora da bronca. É bom lembrar, também, que a mãe não pode permitir que a criança responda mal à babá ou grite com ela. Deve ensiná-la a valorizar essa profissão tão importante que facilita a vida de todos.

Uma babá contou que um dia voltou do parquinho com a criança machucada e a mãe ficou aflita. Tão aflita que quis entender melhor por que a criança tinha ido dormir mais cedo na semana anterior. Achou que a babá poderia estar maltratando-a ou ter dado algum medicamento para fazê-la adormecer antes. Os pais têm de ficar atentos, a babá pode entender a angústia de uma mãe, mas essa desconfiança chateia quem não fez nada de errado.

UMA MÃE DEVE CONTAR À OUTRA QUANDO VÊ A BABÁ DA AMIGA SER GROSSEIRA?

Será que na relação entre a criança e a babá não se mete a colher? É importante ter certeza do que viu – e será ainda melhor se antes desse dia você já tiver presenciado outras atitudes inadequadas. Mas, se resolver contar, saiba que a babá desconfiará que foi você quem a "delatou", o que pode gerar um clima pesado. Além disso, a mãe pode não acreditar em você. Muitas babás

agem de maneira errada porque copiam o modelo exato da mãe – sem que a amiga sequer percebesse. Claro que não é bom ver a babá maltratando a criança e não prevenir a mãe. Alerte sem ser contundente, mas esteja pronta para todas as possibilidades elencadas anteriormente.

Uma mãe me contou que certa vez uma colega veio contar a ela que a babá estava maltratando a criança, pois ela estava fazendo um escândalo enorme na pracinha do condomínio. Essa colega não sabia, porém, que era normal a filha da amiga ter chiliques. Ela conhecia bem a filha, e ninguém precisava encostar nela para que os gritos aparecessem. É bom saber que na ausência da mãe outras pessoas, além da babá, olham a criança, mas cuidado para não acreditar em um falso alerta de maus-tratos.

COMO A MÃE DEVE AGIR QUANDO TEM DE SAIR E DEIXAR A CRIANÇA COM A BABÁ?

Diga "tchau". Despeça-se da criança sempre que for se ausentar mesmo que ela fique chorando e parta o seu coração. Não é certo sair escondido. A criança ficará sempre insegura, pois a qualquer hora a mamãe pode desaparecer. E, quando a mãe está em casa e nem pensa em sair, está lá a criança grudada em sua perna, mesmo que ela se levante apenas para ir ao banheiro. Com o tempo a criança entende que terá de ficar longe da mãe em alguns momentos e nesse período passa a brincar e se divertir com a babá.

O QUE FAZER QUANDO A BABÁ SAI DE FÉRIAS?

Procure outra babá que a substitua nesse período. Pode ser que a própria folguista aceite a tarefa. Se isso não ocorrer, pergun-

te a amigos e parentes. Não se esqueça de explicar à criança sobre as férias da babá, deixando claro quem ficará em seu lugar nesse período.

QUANDO CONTRATAR A BABÁ?

Desde a gravidez o casal já deve pensar sobre ter ou não ter uma babá. Se possível, recebam-na a partir do final da gravidez; assim, ela terá a oportunidade de conhecer os hábitos da casa e dos pais antes de o bebê chegar.

EXISTE UMA BABÁ PERFEITA?

Nenhum profissional é perfeito. Portanto, leve em conta, em primeiro lugar, se a babá é de confiança. Em seguida, preze as qualidades importantes para a família sem ser exigente demais. Se ela ronca ou fala de boca cheia, não a mande embora imediatamente. Pense primeiro em como contornar essas questões, pois a próxima poderá ter péssimos hábitos de higiene, falar muitas gírias ou coisa pior.

OUTRAS PREOCUPAÇÕES DA MÃE

- Sotaque: a babá não será o único modelo da criança. Assim eu espero. Os pais, os familiares e a escola serão outros modelos; portanto, mesmo que a babá tenha um sotaque regional muito forte, não deixe de contratá-la se ela for de confiança.
- Infância: normalmente foi uma infância simples com algumas histórias tristes.

- Familiares e irmãos da babá: pode ser que a sua babá tenha um parente que esteja preso. E será difícil para ela entender que escrever uma carta contando como ela está feliz trabalhando nessa casa tão linda com tantos carros e joias pode ser inadequado. Não que a família pense que o irmão vai assaltar a casa quando estiver livre, mas quantos outros presidiários terão também acesso a essa carta e a essas informações? Por isso, deixe claro que sabe que a babá está feliz por trabalhar em uma casa tão boa, mas recomende que ela não exponha a intimidade da casa a terceiros.
- Gripes ou resfriados que atinjam a babá: ela tem de ficar de repouso. Se não der para dispensá-la, evite ao menos um passeio fora de casa ou outro evento estressante. Certifique-se de que ela está medicada e verifique se não precisa ir ao médico. Ofereça o remédio. Nem é recomendado que ela fique tão próxima às crianças, caso não estejam em boa saúde. Entenda se ela estiver quieta, menos extrovertida e desanimada.

DEVO LEVAR A BABÁ EM VIAGENS MAIS LONGAS?

Os casais que já estão acostumados a ter a babá no dia a dia só terão benefícios ao levá-la em viagens longas (ou até mesmo em curtas, de finais de semana). Os pais poderão dormir até mais tarde e também poderão participar dos eventos noturnos. Uma desvantagem seria o gasto com avião e hotel, mas a maioria dos pais não reclama dessa despesa, pois avalia o custo-benefício. Além de os pais e as crianças aproveitarem mais o passeio, a babá tem a oportunidade de conhecer outras cidades e até outros países.

12 dicas para um relacionamento harmonioso entre o casal e a babá

O que o casal não deve fazer	O casal pode pedir à babá que
Andar nu/com roupas íntimas pela casa.	Não comente a intimidade da família com as colegas do condomínio ou do parquinho.
Discutir na frente da babá.	Nunca diga que a família está viajando – Peçam que ela informe que a família não está em casa e dará o recado assim que chegarem.
Dar indiretas – Conversem de uma vez com a profissional.	Anote os recados no bloquinho ao lado do telefone.
Armar ciladas, como chegar mais cedo e entrar pelos fundos – Vocês podem até chegar mais cedo, mas entrem pela porta da frente, como de hábito.	Lave as mãos antes e depois que trocar a fralda ou levar a criança ao banheiro.
Contar assuntos íntimos à babá – É bacana tratá-la como alguém da família, que faz parte da casa, mas lembrem-se de que se trata de uma profissional.	Passe no posto de saúde e faça exames ginecológicos, oftalmológicos etc. para que ela esteja bem-disposta durante o trabalho – Caso isso não seja possível, providenciem exames particulares.
Repreender a babá na frente da criança.	Faça um curso para reciclar e aprimorar seus conhecimentos – Vocês podem financiar o curso ou descontá-lo do salário em prestações menores, caso ela concorde.

QUE FAZER QUANDO A CRIANÇA NÃO ACEITA A BABÁ ATUAL E FICA CHAMANDO PELA ANTERIOR?

Para evitar que isso aconteça, é importante que haja um ritual de despedida. A criança tem de saber que a babá vai embora e, se possível, o motivo (vai se casar, vai mudar de cidade, vai cuidar

de seu filho). Caso seja um motivo ruim – a babá e a mãe se desentenderam, por exemplo –, fica a cargo dos pais decidir se contam ou não à criança. Independentemente do que resolverem contar à criança, contem, despeçam-se e pronto. Ao receber a nova babá, façam isso com animação, digam quanto vão se divertir juntas e peçam que a criança mostre seu quarto, seus brinquedos. É importante que a nova babá respeite as lembranças da babá antiga e não desfaça de alguma atividade ou rotina anterior.

ATÉ QUANDO UMA CRIANÇA PRECISA TER BABÁ?

Ela pode ter babá por anos; o que muda são as tarefas realizadas pela profissional. O ideal é que a cada fase a babá delegue tarefas à criança, para que ela passe a realizá-las sozinha. Se isso ocorrer, a babá acabará virando uma acompanhante para que uma criança ainda pequena não fique sozinha em casa. Uma profissional contou-me, horrorizada, que viu a seguinte cena no clube: um menino de aproximadamente 10 anos erguendo os braços para que a babá lhe desse banho. Depois, ela o enxugou e vestiu-lhe toda a roupa. Será que essa criança terá chance de desenvolver autonomia?

COMO A MÃE DEVE AGIR QUANDO ESTÁ EM CASA?

Qual deveria ser o papel da babá quando a mãe está presente? O de auxiliá-la. A babá prepara o banho, mas é a mãe que banha a criança. A babá escolhe as roupas, mas é a mãe que veste o bebê. A babá esteriliza e prepara a mamadeira, mas é a mãe que dá o leite. A babá arruma a bolsa da criança para ir ao clube, ao passeio, à festa, mas fica em casa enquanto os pais saem com a criança.

Muitas mães ficam o dia todo ou parte dele dentro de casa, em outro cômodo, enquanto a babá brinca com a criança. Sabendo que a mãe está em casa, a criança tem o desejo natural de ficar próxima dela. Mesmo que a babá consiga distrair a criança por longos períodos, ela acabará escapando. Certas mães acham que a babá está de má vontade. Porém, a mãe que ainda é requisitada tem de aproveitar esses momentos e dar atenção à criança, pois, se isso persistir, talvez o filho simplesmente desista da mãe, prejudicando para sempre essa relação tão fundamental.

QUEM É RESPONSÁVEL PELA CRIANÇA NO DIA A DIA? A MÃE OU A BABÁ?

Normalmente, a criança é responsabilidade integral da babá. Mesmo que a mãe esteja em casa, é a babá que leva ao banheiro, alimenta, dá banho e brinca. Algumas mães não trocam fralda e nunca deram um banho. Esses momentos de cuidado são fundamentais para a formação do vínculo entre a mãe e o bebê, e me intriga pensar que parte do vínculo ou mesmo todo ele não se formará, aparecendo prejuízos no futuro.

A QUESTÃO DA VERDADE E DA AUTORIDADE

Além de cercar os filhos com todo cuidado e atenção que uma babá pode dar, muitas mães têm um medo patológico de frustrá-los. Alguns exemplos: o peixinho da criança morre, a mãe compra outro idêntico e o coloca no mesmo lugar; a mãe manda a babá embora e diz que ela saiu de férias, sem perceber que tal mentira

poderá causar grandes danos, pois quando a nova babá for realmente sair de férias a criança poderá pensar que esta também nunca mais voltará e vai se sentir triste e angustiada.

Outro problema é que a vida de muitas famílias gira em torno dos filhos. São eles que decidem tudo. Inclusive é comum que a mãe diga, antes de sair: "A mamãe vai sair, então agora você é quem cuida da casa". Como exigir que essa criança obedeça à babá se é ela que manda? Outras frases do gênero: "Quando eu chegar, você conta tudo que a sua babá fez de errado, tá?"; "Filha, você manda nos empregados quando eu não estou"; "Meu filho manda, ele pode tudo". Nem é preciso comentar os prejuízos que esse tipo de conduta provocará no caráter das crianças, não é?

COMO FICA O QUESITO CONFIANÇA?

Mesmo quem confia muito na babá um dia desconfia. É bom demais para ser verdade? Um mecanismo de defesa? Um estado de "sempre alerta"? Independentemente do que seja, em geral surge um sentimento de culpa depois: "Como pude duvidar dela?" Isso é totalmente compreensível, afinal quantas vezes fomos traídos ou soubemos de uma traição jamais imaginada antes? Assim, é importante que a babá não leve para o lado pessoal caso fique claro que existe essa desconfiança, e que a mãe seja discreta ao sentir essa insegurança para não magoar a babá.

E quando a mãe chega pela entrada de serviço, pé ante pé, para flagrar alguma coisa errada? Deixa claro que não confia, e mais uma vez a babá se chateia. Câmeras? É a realidade de algumas famílias. Ao entrar nessas casas, a babá terá de adaptar-se não só a isso como a outros hábitos diferentes de sua família. Não

adianta chatear-se por ser vigiada, saber que desconfiam dela e de outros funcionários. Certa vez uma babá contou que achava bom ter câmeras e até inspeção nas bolsas, pois assim saberiam que ela nunca mexe em nada. Muitas vezes a mãe já teve tantas experiências ruins que não confia em mais ninguém. Quando uma boa babá chega a essa casa, já pega uma mãe traumatizada por causa de babás inadequadas. Mas seriam mesmo inadequadas? Desconfio também das mães que falam que já tiveram 29 babás, 20 folguistas e nenhuma deu certo. Dificilmente essa mãe encontrará uma que dê certo. Como disse Rosely Sayão em uma palestra a que assisti recentemente, "as famílias estão envolvidas pelo momento de consumo do nosso mundo. Portanto, ter uma babá faz parte dessa necessidade de consumo do momento".

QUANDO SE CHEGA À CONCLUSÃO DE QUE NÃO É PRECISO TER BABÁ

Certa vez, uma amiga chegou atrasada a um almoço que havia marcado comigo. Chegou com um sentimento de alegria misturado com medo e susto. Trazia o bebê-conforto com seu bebê de 7 meses, a sacola, sua bolsa e o celular. Rapidamente explicou que estava atrasada porque esperou a babá até o último momento, mas ela não apareceu. Foi a primeira vez que essa minha amiga saiu de casa, de carro, sem a babá. Depois de um tempo, ela confessou que foi muito bom ter sido exposta a essa privação e descobrir que seria capaz de fazer isso sozinha.

Eu não sei se teria coragem de dizer a ela quantas mil vezes fui pra lá e pra cá com o meu filho quando ainda era um bebê – e faço isso até hoje. Quanto mais temos uma babá por perto, menos

cuidamos do nosso bebê. Delegamos mais e mais, afastamo-nos. Perdi as contas de quantas vezes tive de parar de escrever este livro porque chegou a hora de dar o banho, o jantar, e colocar o meu filho para dormir. Se eu tivesse uma babá, certamente não sairia do computador, pois confesso que nos dias de hoje verificar o banho do meu filho de 7 anos não é a minha atividade preferida. Mas depois de lamentar por um minuto passo a me envolver nesse momento de cuidado do meu filho, que nos dias de hoje é só para quem tem muita coragem. Pois é preciso ter muita coragem de dizer à babá que é você que vai dar o banho. Falta coragem, falta vontade. Sem contar que será necessário convencer a criança, pois ela está acostumada com a babá...

Vejam a dúvida de uma mãe: ela estava com uma nova babá e o filho mais novo ainda não queria que esta lhe desse banho. Uma amiga comentou que, se ela pagava à babá, a criança deveria, sim, tomar banho com ela e pronto. Primeiro, perguntei a essa mãe se ela gostava de banhar o filho. Ela disse que sim, então expliquei que não era porque ela pagava à babá que deveria deixar de cuidar da criança e até deixar de fazer algo que lhe dava prazer. Ela estaria ganhando e não perdendo. Além disso, certamente a babá teria outras tarefas a cumprir, não ficaria à toa.

Então, mães, prestemos atenção para que a babá deixe de ser a responsável pela criança e passe a ser *um apoio*.

UMA PERGUNTA INTERESSANTE

Quando meu filho tinha 3 anos, me perguntou: "Mãe, o que é babá?" Respondi que era uma pessoa responsável, que ajudava a mãe a cuidar das crianças. E ele perguntou: "Quem é a minha

babá?" Respondi que ele não tinha uma babá porque eu e o papai cuidávamos dele, não precisamos de ajuda até então. Todos os seus colegas tinham babá; então, ao mesmo tempo que eu queria dizer que era muito melhor ter o pai e a mãe cuidando dele, eu não poderia desfazer de tal profissão, de tal ajuda, que todos ao nosso redor tinham. Então, dei uma boa razão para não termos babá: como tínhamos apenas um filho pequeno, dávamos conta de cuidar dele sozinhos.

Creio que logo meu filho vai perguntar: "Mãe, o que é psicólogo?" A cada dia aumenta a procura dos pais por psicólogos e psicopedagogos, entre outros tipos de terapeuta, para orientar crianças. O que me preocupa não é a busca da cura da criança, e sim se esta não é apenas a sequela de um problema – problema esse que não será resolvido apenas com sessões de terapia. Se a criança é o reflexo da educação que recebe, do ambiente em que vive, em alguns casos ela "adoece" porque esse ambiente está doente. O especialista pode curá-la, mas se a família não se cuidar tudo pode voltar. Portanto, a terapia familiar deve ser a primeira opção nesse momento. Pai, mãe e filhos comparecem juntos às sessões, e o especialista analisa o funcionamento de todo o sistema familiar. Se for necessário, encaminhará um ou outro para a terapia individual específica, mas continuará cuidando da família inteira para que o paciente identificado como o problemático encontre um novo ambiente familiar quando estiver curado.

UMA FRASE PARA REFLETIR

"Ainda bem que eu tenho a babá. Se não fosse ela para lidar com a minha filha, estaríamos perdidos. Os finais de semana

com a folguista são terríveis, pois ela não obedece. Por isso, graças à babá da minha filha, que cuida de todos nós, estou sempre bem..."

A paz da mãe e seu bom humor estão intimamente ligados à presença da babá, que lhe possibilita ter praticamente a mesma vida que tinha antes de ser mãe. Mas será que isso é bom? Não seria melhor que a mãe fosse líder ao lado da babá e, juntas, conseguissem dar conta de educar e de cuidar da criança? Como ficará essa família quando a babá for embora? Procure analisar se você não vive uma situação semelhante a essa. Quem tem o controle, quem lidera?

O QUE DEVO ESPERAR DA BABÁ?

A maioria das famílias preza o cuidado acima de tudo. Espera que a babá cuide bem de seus filhos e não os machuque. As regras variam de uma família para outra. Algumas fazem questão que a babá corrija a criança quando ela não obedece; outras não permitem nenhum tipo de sanção. Há quem queira que a babá delegue tarefas à criança e quem não queira de maneira alguma que a criança pare de brincar para guardar os brinquedos, por exemplo. Pode haver mães que não ligam para os arranhões na perna e as que não queiram que a criança nunca se machuque. Por isso, é muito importante que a babá siga as regras da família.

Os pais também esperam que a babá tenha iniciativa. O ideal é que a mãe não tenha de transmitir todos os dias os mesmos comandos. **Se aparecer uma coisa nova, porém, vale a pena perguntar antes para não se precipitar. A iniciativa pode atrapalhar em alguns momentos.**

O que pode ser difícil para a babá no dia a dia de trabalho

Encontrar um namorado em virtude da permanência na casa da família nos finais de semana	Não poder namorar chateia as babás. Elas não querem ter de praticamente morar na casa da criança e gostariam de ver o parceiro com mais frequência, e não apenas nas folgas quinzenais. Algumas nem arrumam namorado, pois não têm tempo de conhecer um rapaz.
Dormir no trabalho e ter poucos dias de folga pode ser cansativo	Trabalhar dias seguidos com apenas folgas quinzenais é muito ruim para elas. Elas sabem que essa é uma exigência da profissão e acabam convivendo com essa frustração. Mas, se pudessem escolher, certamente não dormiriam no trabalho e folgariam em todos os finais de semana.
Dificuldade de lidar com problemas de comportamento da criança	Quando a criança faz birra, pode ser desesperador para a babá, pois ela nem sempre sabe lidar com esse comportamento e até onde pode ir com as broncas. Nesse momento, a babá pode agir de maneira inadequada apenas para resolver o problema imediato, sem perceber que o sossego vai durar apenas até a próxima vez que a criança quiser burlar uma regra. Nem sempre elas têm a permissão da mãe para atuar de maneira mais efetiva, ou seja, tirar um privilégio da criança. Então é importante que a mãe permita que a babá chame a atenção da criança (e faça o mesmo quando a profissional não estiver por perto) .
Falta de coerência entre a mãe e a babá nas regras diárias	Muitas vezes a mãe faz questão de que a babá siga uma regra com a criança, mas quando está em casa age diferente. É importante que a mãe e a babá tenham combinados iguais para educar a criança e ambas adotem a mesma atitude na ausência ou presença da outra. A criança percebe que com a mãe pode tudo e faz manha, chora, faz drama pra conseguir o que quer. Para acabar com o problema, a mãe geralmente cede. Uma mãe relatou um problema comum: "Ela começa a gritar e vou atendê-la correndo, senão ela acaba acordando o irmão menor e aí terei dois problemas". A mãe costuma contar o segredo: "Não grita, senão você vai acordar o seu irmão". Pronto, a mãe ensinou o que a criança tem de fazer quando quiser atenção. Basta berrar!
Diferenças culturais entre a babá e a família	É difícil aceitar uma regra da qual não se gosta ou a qual não se entende. A babá vem de um contexto sociocultural diferente e depara com contrastes que a assustam. Ela precisa entender, porém, que a regra que vai prevalecer é a da mãe.

Dificuldade de se sentir à vontade no sistema familiar	Nem sempre as babás se sentem à vontade na frente da família. Ficam sem jeito, não sabem se estão se comportando de maneira adequada ou se estão fazendo algo errado; então, é melhor trabalhar sem alguém por perto o tempo todo. Se o pai está por perto, então, o incômodo pode ser ainda maior. Se você perceber que a babá fica sem graça quando conversam com ela, convidam-na para se sentar à mesa junto com a família ou lhe oferecem um bombom, por exemplo, não insista. Converse menos, deixe que ela faça as refeições onde se sentir melhor e não ofereça o bombom. Simplesmente dê a ela.
Dificuldade para dialogar sobre os problemas que surgem no cotidiano	Mãe e babá combinam o dia e horário das folgas, mas pode acontecer de a mãe não dispensar a babá, que fica sem-graça de dizer que está na hora de ir embora. A mãe deve sempre estar atenta para o que foi combinado. **Caso a mãe nunca se lembre, uma dica é a babá dizer: "A senhora precisa de mais alguma coisa ou já posso ir?" Espero que a mãe não diga que precisa...**
Dificuldade de se relacionar com outros familiares e lidar com regras diferentes	Ir para a casa dos avós, normalmente mais permissivos e contra a maioria das regras rígidas dos pais, pode ser um transtorno para a babá – que nem sempre se sente à vontade nessa casa e ainda tem de conviver com outros funcionários que podem ser indelicados. A babá até pode explicar com educação que não é hora de dar bolacha à criança, mas se a avó insistir e der mesmo assim não vale a pena ficar de bico, fechar a cara. Paciência, ela é a avó. Se a mãe achar ruim, ela terá de se entender com a mãe/sogra. A mãe não pode esperar que a babá bata de frente com a avó e resolva esse problema. Existe uma hierarquia, a qual a babá deve respeitar. O ideal é que, na ausência dos pais, a babá assuma a responsabilidade, mas isso é inviável quando os avós ou outros familiares estão ao redor. Para essas pessoas, eu gostaria de deixar um recadinho: os pais dessa criança precisam dos cuidados da babá enquanto trabalham ou têm momentos de lazer. Não é justo, então, que vocês atrapalhem ou invadam demais essa relação. Por mais que não simpatizem com a profissional, relevem algumas atitudes. Vocês podem até alertar os pais sobre condutas que considerem inadequadas por parte da babá, mas lembrem-se de usar o bom senso. Se forem criticar, levem também uma solução para o problema.

Dificuldade de cuidar da vida pessoal por causa da falta de tempo	Como as folgas normalmente são nos finais de semana a cada quinze dias, a babá não tem horário para ir ao banco ou ao médico. A mãe precisa ficar atenta a essas necessidades e ter certa flexibilidade para permitir que a babá resolva seus problemas pessoais. **É chato ter de pedir para ir ao médico, mas isso é imprescindível quando não se está bem. O ideal é que a babá marque para as férias todas as consultas necessárias, mesmo que não sejam urgentes. As contas devem ser deixadas com alguém de confiança que possa efetuar o pagamento.**

A IMPORTÂNCIA DO DIÁLOGO

Uma babá me contou uma passagem muito chata. A mãe chegou em casa e, após escutar o relato da babá, sobre o mau comportamento da criança, juntou-se à filha e ambas começaram a rir, a caçoar da babá. Ela simplesmente sorriu e se ausentou para chorar, pois se sentiu muito mal. Depois, ela foi conversar com a mãe e explicar que tinha ficado chateada com a maneira como foi tratada. A mãe compreendeu que sua atitude foi inconveniente, mas aproveitou para dizer que brincou com o problema porque estava cansada de chegar em casa e só escutar reclamações. Nesse momento, mãe e babá fizeram um combinado. A babá contaria primeiro tudo de bom que ela e a criança fizeram durante o dia e, caso algo tivesse dado errado, contaria em seguida, mas dando menos ênfase ao problema e explicando como ele foi resolvido.

A partir desse combinado, a babá passou a não trazer apenas problemas para a mãe e esta passou a valorizar mais o trabalho da babá. Esta começou a ter atitudes mais maduras, que resolviam de imediato o problema da criança – que passou a respeitá-la. A babá começou até a elogiar a menina, o que antes não fazia, e des-

cobriu ter uma autonomia sobre a criança que lhe deu um poder de decisão e melhorou sua relação com ela. No entanto, essa profissional precisou da autorização da mãe para resolver os problemas sozinha. Ela até se colocou no lugar da mãe e entendeu que devia ser mesmo chato chegar em casa e só ouvir reclamações sobre a criança. Ao mesmo tempo, a mãe percebeu que tirava a autoridade da babá ao juntar-se à filha para desfazer dela e se policiou para nunca mais agir dessa maneira.

MAIS UM CASO DIFÍCIL

Uma mãe (que percebeu ter cometido um erro) relatou a seguinte história: sua filha tinha dois pijamas iguais: um azul e um rosa. A babá pediu que ela vestisse o rosa, mas a menina insistia em colocar o azul. Uma discussão começou e a mãe, que escutava tudo, entrou no quarto e disse: "Deixe que ela coloque o azul, são iguais, tanto faz!" A mãe podia até ter razão, era uma perda de tempo discutir por uma coisa tão boba, mas ao interferir no problema ela desautorizou a babá – que, claro, se chateou. A mãe poderia ter chamado discretamente a babá para fora do quarto e ter dito que não havia problema de a menina vestir o pijama azul. Mas, para a criança, a babá mudaria de ideia "sozinha". Mãe e babá cuidam da criança e educam-na juntas.

A TAL DA REGRA DA MÃE

Uma babá relatou que nem sempre seguia as regras da mãe, por não compactuar com todas as suas ideias. Como falávamos

muito sobre isso nas aulas, ela passou a sentir-se culpada quando não fazia o que a mãe pedia. Depois de conversarmos muito a esse respeito, dei a ela a seguinte dica: quando não concordasse com a mãe, perguntaria a ela se poderia fazer diferente – afinal, havia uma chance de a mãe permitir. Daquele dia em diante, a babá passou a conversar com a mãe sempre que surgia uma questão com a qual ela não concordava, e por várias vezes a mãe validou sua iniciativa e até a elogiou por ter ido trocar ideias com ela sobre o problema.

DIZER "NÃO", EIS A QUESTÃO

Uma das maiores dificuldades dos pais é dizer "não" para a criança, impor limites e fazê-la seguir uma rotina. Geralmente, para a mãe é ainda mais difícil. Ela muitas vezes tem dó da criança e até se sente culpada por não estar tão presente no dia a dia. Ocorre que cuidar de uma criança que não obedece e dá muito trabalho é tarefa da babá, que nem sempre tem autonomia para puni-la quando fizer alguma coisa errada.

Algumas mães até permitem que a babá seja um pouco mais dura, mas certas crianças sabem que a mãe "não liga" e não dão bola para a bronca da babá. A mãe algumas vezes até impõe a regra e pede à babá que a cumpra, mas quando chega a sua vez de manter a sanção não consegue e passa por cima da decisão da babá. Quando a mãe não age como a babá, acaba atrapalhando quando está junto, pois aí a criança faz birra, manha e testa ambas o tempo todo. Dessa forma, é muito melhor para a babá ficar sozinha, pois assim ela consegue dar conta do recado. Mas ainda temos um problema para resolver...

COMO A MÃE PODE AGIR COM FIRMEZA E DEMONSTRAR QUE É ELA QUEM MANDA?

Você pode pensar que a criança é um "elemento desestruturante" do lar. Aquele elemento que acorda cedo, berrando no quarto, chora e reclama por tudo, tem horário para alimentar-se mas não quer comer, dá trabalho para dormir, acorda à noite pedindo leite, não quer vestir o uniforme, entre outros probleminhas diários. Mas a criança é apenas o reflexo do ambiente onde vive. Ela dança conforme a música. Ela precisa de líderes firmes e fortes, de adultos que estejam empenhados em educá-la. Só isso. A partir do momento em que os pais descobrem que a criança precisa escutar um "não" para sentir-se segura, amada e para perceber que cuidam dela, tudo melhora como mágica. Acredite que você está certa e faz as melhores escolhas para o seu filho. Imponha regras, seja firme e tire os privilégios dele sem dó. A tarefa de ser mãe fica bem mais fácil.

A superproteção é algo muito comum. As crianças viram príncipes e princesas que não podem passar por nenhum tipo de frustração e têm todas as vontades atendidas prontamente. A mãe e/ou a babá não podem se atrasar cinco minutos para pegar a criança na escola. "Onde está o almoço?", pergunta a criança, desesperada. E, se a comida não agradar, é possível que a cozinheira prepare rapidamente o que a criança pedir. A situação é a seguinte: mãe, pai, babá, tios, avós, padrinhos, motorista, arrumadeira e cozinheira, todos servindo aquela pequena criança. O pai usa terno e gravata. Lidera uma equipe de funcionários que o respeitam e seguem seus comandos. Por que ele não consegue conduzir uma criança de apenas 2 anos? Que fazer? É simples, vejam só: não se desculpar ao chegar cinco minutos atrasado para pegar a criança na escola e dizer que isso pode acontecer e é bom que ela esteja

preparada. Dizer "não" quando a criança pedir outro tipo de comida, deixando claro que aquele é o almoço e que, se ela não quiser, não terá outra alternativa senão ficar sem comer.

Você deve estar pensando: "Nossa, mas que maneira rude de se comunicar com uma criança!" O problema é esse. Ninguém é rude com elas. Só dizem "amém" e as transformam em seres despreparados para enfrentar um ser humano rude no futuro. Possivelmente o(a) namorado(a) que terminar o namoro será o primeiro vilão de sua vida.

Colocar a criança sentada no quarto de castigo pode não ser a solução. O que funciona é tirar privilégios. A criança não seguiu uma regra? Que pena, não vai mais descer para brincar no parquinho do prédio. Ou não vai mais, junto com a mamãe, buscar o irmão que está na escola. Crianças que tudo podem geralmente são manhosas e ganham tudo no choro e no grito. Isso precisa mudar.

3

Legislação: chata mas necessária

O QUE DEVO SABER SOBRE OS DIREITOS E DEVERES LEGAIS DA BABÁ?

Siga sempre a Lei do Empregado Doméstico. Veja abaixo o que determina a Justiça do Trabalho, mas fique atenta: algumas mudanças podem ocorrer de tempos em tempos. Uma boa fonte de consulta é o site www.domesticalegal.com.br.

Segundo o art. 1º da Lei 5.859, de 1972, empregado doméstico é aquele que presta serviços de natureza contínua e de finalidade não lucrativa à pessoa ou à família, no âmbito residencial destas. O serviço contínuo é o trabalho efetuado que visa atender às necessidades diárias da residência da pessoa ou da família, ou seja, é o trabalho de todos os dias do mês. São considerados empregados domésticos: cozinheira, governanta, babá, lavadeira, faxineira, motorista particular, enfermeira do lar, jardineiro, copeiro e caseiro (quando o sítio ou local de trabalho não tenha finalidade lucrativa).

QUAIS SÃO OS DIREITOS DO EMPREGADO DOMÉSTICO?

- Carteira de trabalho devidamente assinada.
- Recebimento de pelo menos um salário mínimo mensal.
- Irredutibilidade salarial.
- Gozo de férias anuais remuneradas com um terço a mais que o salário normal.
- Gozo de trinta dias corridos.
- Estabilidade no emprego até o quinto mês após o parto.
- Décimo terceiro salário com base na remuneração (fração igual ou superior a quinze dias trabalhados).
- Repouso semanal remunerado de 24 horas contínuas (preferencialmente aos domingos).
- Aviso prévio de no mínimo trinta dias para a parte que rescindir o contrato sem motivo justo.
- Salário-maternidade sem prejuízo do emprego e do salário, com a duração de 120 dias, pago pelo INSS.
- Licença-paternidade de cinco dias.
- Licença-maternidade a partir de 28 dias antes e 92 dias depois do parto, num total de 120 dias. Parto antecipado não provoca alteração nos prazos. O salário-maternidade será pago diretamente pela Previdência Social, sendo uma renda mensal igual ao seu último salário de contribuição (salário mensal menos a alíquota do INSS).
- Seguro-desemprego quando a demissão não for por justa causa. Para mais informações, consulte o site http://www3.dataprev.gov.br/sislex/paginas/42/2001/10208.htm.
- Vale-transporte.
- Auxílio-doença e aposentadoria por invalidez, respeitada a carência pelo INSS.

QUE DIREITOS A BABÁ AINDA NÃO CONQUISTOU?

- Jornada de trabalho: a legislação não prevê carga horária para o empregado doméstico. Esta deve ser acertada entre as partes na contratação.
- Fundo de Garantia por Tempo de Serviço (FGTS): seu pagamento pelo empregador é opcional.
- Benefício por acidente de trabalho.
- Plano de saúde: seu pagamento pelo empregador também é opcional.
- Indenização por tempo de serviço.
- Estabilidade.
- Salário-família.
- Adicional noturno.
- Horas extras.
- Aposentadoria especial.
- Recebimento do abono salarial e rendimentos relativos ao PIS.
- Adicional de periculosidade e insalubridade.

QUE DOCUMENTOS DEVO EXIGIR NO MOMENTO DA CONTRATAÇÃO DA BABÁ?

Peça que a babá tire cópia de todos os documentos abaixo, mas também traga os originais (assim você tem a oportunidade de verificar sua autenticidade):

- Carteira de trabalho
- Carteira de identidade
- Certidão de nascimento
- Certidão de casamento
- Título de eleitor
- CPF

QUAIS SÃO OS DOCUMENTOS NECESSÁRIOS PARA A INSCRIÇÃO NO INSS?

CPF, carteira de identidade e título de eleitor.

QUE FAZER CASO A BABÁ NÃO TENHA ALGUM(NS) DESSES DOCUMENTOS?

Pode ser que ela precise de orientação para tirar os documentos que faltam. Não parta do princípio de que ela saberá o que fazer. O ideal é perguntar se ela sabe onde deve ir para providenciar tudo e indicar os locais mais próximos. Se a família tiver facilidade de ajudá-la, melhor ainda.

COMO DEVO PREENCHER A CARTEIRA DE TRABALHO?

É só completar, com os dados abaixo, os campos em branco na primeira página que trouxer os dizeres "Contrato de trabalho":

- Nome do empregador: *nome do patrão.*
- Espécie de estabelecimento: *residência (sítio, chácara etc.).*
- Data da admissão: *data do início das atividades.*
- Cargo ou função: *babá.*
- Classificação Brasileira de Ocupações (CBO): *5162-05.*
- Salário ajustado: *não poderá ser inferior ao mínimo fixado por lei e deve ser pago mediante recibo assinado pelo empregado.*
- Data de saída: *data da demissão da babá.*

- Outras anotações: férias – *data do início e término de cada período de férias;* alterações salariais – *anotar as alterações de salário, data, valor, motivo e possível alteração na função.*

O prazo para a assinatura da carteira de trabalho é de 48 horas após o início da prestação dos serviços. A babá poderá ser contratada em caráter experimental. O contrato de experiência deverá ser anotado na carteira de trabalho, e recomenda-se que seja firmado por escrito entre a mãe e a babá, podendo ser prorrogado uma única vez, desde que a soma desses períodos não exceda noventa dias.

QUAIS SÃO OS DESCONTOS LEGAIS SOBRE O SALÁRIO DA BABÁ?

- Falta ao serviço não justificada. Esta só pode ser justificada mediante atestado médico.
- Até 6% do salário, para pagamento do vale-transporte.
- INSS.
- Adiantamentos concedidos mediante recibo.

QUAIS SÃO OS DEVERES DA BABÁ?

- Não faltar sem motivo comprovado.
- Ser pontual.
- Assinar os recibos de pagamento e avisar com trinta dias de antecedência caso resolva parar de trabalhar.
- Tratar a(s) criança(s) com carinho e respeito.

QUAIS SÃO OS DEVERES DOS PAIS?

- Tratar a babá com respeito e dignidade.
- Pagar o salário até o quinto dia útil subsequente ao vencimento.
- Fornecer à babá via do recolhimento mensal do INSS e outros recibos pertinentes.

Ingredientes básicos para uma contratação de sucesso

Perfil	Antes de chamar alguém para trabalhar em sua casa, pense nas características que apreciaria e nos defeitos que não suportaria.
Referência	É preciso conhecer o seu passado profissional, para ter certeza do perfil do candidato.
Contrato	A partir do momento em que o empregador diz "Comece amanhã" e o trabalhador concorda, já existe um contrato. O salário deve ser definido nesse momento.
Carteira	O empregador assina a carteira até 48 horas após o início do trabalho. Se não, especificar a data em que o empregado começou a trabalhar.
Direitos	O empregado doméstico recebe mensalmente pelo menos um salário mínimo, férias anuais com adicional de um terço do salário, décimo terceiro salário, pago em duas parcelas – a primeira até 30 de novembro e a segunda até 20 de dezembro –, aviso prévio, licença-maternidade remunerada de 120 dias e aposentadoria.
INSS	Empregador e empregado contribuem para o INSS (com 12% e 8%, 9% e 11%, respectivamente). Se o empregado alegar que o valor é muito alto, o patrão pode pagar sua parte. Embora ele não seja obrigado, a parte de sua competência é apenas de 12%.

Fonte: www.domesticalegal.com.br.

Conclusão

Depois de nove meses de gestação, tornamo-nos mães. Não recebemos um manual de instruções quando voltamos para casa com aquele pequeno pacote nas mãos. Claro que há muitas dicas em livros, na internet, além dos palpites de familiares e amigos. Porém, na hora H nos vemos perdidas diante de dezenas de imprevistos diários.

O mesmo acontece com a babá. Por mais que ela não seja marinheira de primeira viagem, cada família é diferente e, em alguns casos, pouco se aproveita das experiências anteriores. Cada casa é uma nova escola onde a babá aprende, acima de tudo, a se relacionar com o outro. Isso pode ser mais difícil do que cuidar do bebê.

Portanto, quem diz que a primeira festa de aniversário da criança é para os adultos acertou em cheio! Afinal, é quando comemoramos um ano de mãe e pai. Um ano vitorioso, cheio de novidades, sustos e alegrias. Independentemente de há quanto tempo a babá está na família, a cada festa de aniversário ela come-

mora seu sucesso, sua contribuição para o crescimento e as alegrias dessa família.

Nada melhor do que uma festa de aniversário para que todos – mãe, pai, babá e filhos – sejam aplaudidos pela competência e boa capacidade de criar e educar uma criança. Parabéns pra vocês!

Roberta Palermo é terapeuta familiar formada pela Escola Paulista de Medicina/Unifesp e presidente da Associação das Madrastas e Enteados (AME).

Mãe de um filho e madrasta de dois, coordena um espaço de estimulação para bebês e um curso de formação para babás.

É autora de *Madrasta – Quando o homem da sua vida já tem filhos* (Mercuryo, 2002) e *100% madrasta* (Integrare, 2007).

Roberta é ainda moderadora do Fórum das Madrastas, acessado pelo site www.robertapalermo.com.br, e colaboradora do grupo de discussão do site www.pailegal.net.

Roberta Palermo é terapeuta familiar formada pela Escola Paulista de Medicina/Unifesp e presidente da Associação das Madrastas e Enteados (AME).

Mãe de um filho e madrasta de dois, coordena um espaço de estimulação para bebês e um curso de formação para babás.

É autora de *Madrasta – Quando o homem da sua vida já tem filhos* (Mercuryo, 2002) e *100% madrasta* (Integrare, 2007).

Roberta é ainda moderadora do Fórum das Madrastas, acessado pelo site www.robertapalermo.com.br, e colaboradora do grupo de discussão do site www.pailegal.net.

Conclusão

Creio que as dicas que dei nesta obra ajudarão você a exercer seu trabalho com empenho e criatividade. Porém, é fundamental que você tenha em mente que os pais da "sua" criança têm referenciais e critérios próprios; eles simplesmente são assim. Parta desse princípio quando não entender uma atitude ou uma regra estabelecida.

Além disso, normalmente existem várias pessoas diferentes educando a criança e cuidando dela (pais, avós, irmãos, professoras etc.). Por mais que os pais estabeleçam as regras e os participantes demonstrem interesse em segui-las, é comum que as crianças testem as regras o tempo todo – e cada uma aja da maneira que melhor lhe convier. Sorrir e manter-se desarmada e calma é a melhor dica para que você faça um bom trabalho. O diálogo com a mãe deve prevalecer. Por isso, em vez de reclamar aos quatro cantos, corra direto para essa fonte. Formem uma dupla dinâmica, cheia de comprometimento e amizade.

Mostre sempre sua intenção de acertar e de fazer o melhor para a vida da criança de que você cuida. Ser babá também é padecer no paraíso!